www

M000283307

1 800 920 7893
eoll
TO Sea
=usa poret

Sonr 130. con

u

DEDICADO A: Marina

POR: Regina Renaud

FECHA: 12/17/05

De la
Oración
a la
GUERRA

De la Oración a la GUERRA

Ana Maldonado

INTERNATIONAL

Nuestra Visión

Alimentar espiritualmente al pueblo de Dios por medio de enseñanzas, libros y predicaciones; así como, expandir la palabra de Dios a todos los confines de la tierra.

De la Oración a la Guerra

Segunda Edición 2005

ISBN: 1-59272-137-0

Portada diseñada por:
GM International – Departamento de Diseño

Categoría:
Intercesión y guerra espiritual

Publicado por:
GM International
13651 SW 143 Ct., #101, Miami, FL 33186
Tel: (305) 233-3325 - Fax: (305) 675-5770

Impreso en Colombia

DEDICATORIA

Dedico este libro al autor y consumador de nuestra salvación, nuestro Señor Jesucristo. Al Espíritu Santo, quien me ha enseñado los pasos para orar de una forma efectiva hasta llegar a la guerra espiritual en intercesión. A todas aquellas personas quienes tienen el deseo de conquistar territorios para entronar el nombre de Dios y no les importa entrar en grandes batallas en contra del enemigo para conseguirlo.

¡Que el favor y la gracia de Dios estén siempre sobre nosotros!

AGRADECIMIENTOS

Quiero agradecer de manera especial a la primera compañera de intercesión que Dios me regaló, Ligia Lacayo. Agradezco su fidelidad y su compañía en aquellas primeras madrugadas, cuando recién comenzaba con este ministerio; ella fue un pilar de la oración y la intercesión.

También deseo agradecer a todos los intercesores e intercesoras que se paran en la brecha diariamente, durante veinticuatro horas, para mantener vallado alrededor del ministerio. Pues, ellos han entendido la guerra en la que estamos y de la cual no podemos retroceder ni rendirnos.

ÍNDICE

PRÓLOGO

Cada ser humano fue creado por Dios con un propósito y un potencial para desarrollar; pero, en muchas ocasiones, esto se ve truncado por diversas situaciones que impiden que esto se lleve a cabo. Sin embargo, hay que aprender a luchar por nuestras metas y por ver cumplido el plan de Dios en nuestras vidas para alcanzar la realización personal como individuos. Por esto, siempre he admirado a mi esposa, quien siempre ha luchado y ha arrebatado en oración, como una valiente, todas las bendiciones, metas y propósitos, tanto para el ministerio como para nuestras vidas. No ha sido fácil, porque en medio de todos los logros, siempre ha habido una guerra que pelear; pero ella, a pesar de las circunstancias, ha luchado hasta obtener las victorias que hoy día disfrutamos.

El Señor tiene preparadas grandes cosas para cada persona, pero el problema es que al ver las adversidades, la pregunta que surge es cómo será que se puede alcanzar o lograr todo lo que Él ya planificó entregarnos. Si sólo creyéramos y actuáramos con denuedo en la oración, podríamos recibir todas estas bendiciones sin dar lugar a que el enemigo las arrebate.

En este libro, usted encontrará un claro ejemplo de perseverancia, que lo animará a seguir luchando por lo que siempre ha soñado. A pesar de todos los momentos difíciles, Dios siempre estuvo presente para respaldar a una mujer que, aunque ella se veía rodeada de un mundo difícil, siempre se mantuvo firme en hacer la voluntad de Dios para su vida. ¡Definitivamente, Dios no se equivoca! Él no ve lo que nosotros somos ahora, sino lo que seremos en un futuro, es decir, Él ve el producto final; y por eso, debemos aprender a ver tal como Él ve para no desenfocarnos.

Guillermo Maldonado
Pastor

INTRODUCCIÓN

Mi deseo y oración es que cada persona que lea este libro, sea impactada; que le sirva de inspiración, bendición y revelación de lo que es la oración y que pueda realizar una guerra efectiva en contra del enemigo.

Muchas veces, dudé antes de empezar a escribir este libro, pues mi esposo es un excelente maestro; ¡lo admiro muchísimo! Es un buen padre, esposo, pastor, y pensaba... "¿para qué escribo, si mi esposo ya escribe?" Pero lo que realmente me llevó a hacerlo, fue el deseo de identificarme con muchas mujeres y hombres que sé, que cuando lo lean, serán tocados y confrontados a dejar la queja y a cumplir el llamado de Dios en sus vidas.

Estoy segura que el Ministerio Internacional El Rey Jesús no sería lo que es hoy, si no hubiéramos pagado el precio de la oración. Hoy puedo decir que los cielos están abiertos en nuestro Ministerio porque oramos las 24 horas del día. La oración hace que la voluntad de Dios sea manifestada de una manera poderosísima; esto lo he visto en mi casa, en mi familia y en la iglesia. Tenemos que buscar la oración todos los días de nuestra vida, pues ésta, es la que produce el avivamiento en las iglesias.

Aquí usted encontrará vivencias muy personales y, también, podrá conocer testimonios de hombres que oran. Decidí incluir testimonios de hombres, porque lamentablemente, aún existen personas que tienen fortalezas y paradigmas que les hacen creer que la mujer es la que debe orar y ayunar. Y esto es lo que ha hecho que el hombre se haya quedado atrás, cuando en realidad, él es la autoridad y la representación del sacerdocio de Cristo en el hogar. Lamentablemente, el sacerdocio del hombre está tan caído, que le he pedido al Señor que levante hombres que oren, yo misma los desafío constantemente, para que tomen su lugar como sacerdotes, como cabezas del hogar y como parte del equipo ministerial con su mujer. También, los animo para que la palabra "sométete" no sea una palabra machista sino que realmente sea la sumisión en respuesta del amor hacia ella, la sumisión a un hombre que ora y que es un ejemplo; la sumisión a un hombre que ve a la mujer como Jesús la ve, con amor y ternura.

Los hombres deben ser tocados e impactados para buscar de Dios, y deben tomar la iniciativa. Por supuesto, nosotras las mujeres lo vamos a hacer, pero necesitamos ver un ejemplo en nuestra sociedad; ver hombres de verdad, como Dios los soñó desde un principio.

Un hombre que ora, que lee la Palabra y que da testimonio de lo que predica, es seguido por la esposa, los hijos, el perro y hasta el gato. Da gusto someterse a un hombre que busca a Dios; pero si éste no lo hace, no es excusa para que la esposa no ore, pues la salvación es personal; y si el esposo no ora, entonces la esposa debe convertirse en reparadora de portillo, parándose en la brecha por su esposo, independientemente de lo que él piense. En oración, ella puede hacer que ese esposo que no ora, sí ore y que ese esposo que no se congrega, sí se congregue. Las oraciones son las que mueven la voluntad de Dios acá en la tierra, las que halan todo lo que Dios es. Dios es salvación, liberación, sanidad; Dios es todo. Cuando usted ora, está sacando lo que Dios es y lo está trayendo a su casa, a su alrededor, a su ciudad e, incluso, a su nación.

Espero que, quienes lean éstas páginas, puedan recibir la impartición, la necesidad de orar, y que su nivel espiritual y de comunión con el Señor sea cada vez mayor.

Declaro que este libro será para usted, de mucha, mucha bendición. Y una vez más, doy gracias al Señor y reitero que el único digno de toda la gloria, de toda la honra, de todo el poder y del Señorío es mi amado Señor Jesús.

CAPÍTULO I

MI TESTIMONIO

"Y en cuanto a tu nacimiento, el día que naciste no fue cortado tu ombligo, ni fuiste lavada con aguas para limpiarte, ni salada con sal, ni fuiste envuelta con fajas. No hubo ojo que se compadeciese de ti para hacerte algo de esto, teniendo de ti misericordia; si no que fuiste arrojada sobre la faz del campo, con menosprecio de tu vida, en el día que naciste. Y yo pasé junto a ti, y te vi sucia en tus sangres, y cuando estabas en tus sangres te dije: ¡Vive! Sí, te dije, cuando estabas en tus sangres ¡Vive!"
Ezequiel 16.4-6

¡Cómo negar que estoy en este mundo gracias a la mano poderosa y misericordiosa del Señor! El 22 de agosto de 1963, vine al mundo por un milagro de Dios, ya que en tres oportunidades, mi mamá trató de abortarme. No la culpo ni la juzgo, pues sé que su vida fue muy dura. Soy la octava de 16 hermanos, así como lo fue David en la Biblia; y aunque el diablo trató de acabar conmigo desde el vientre de mi madre, también desde allí estaba la mano poderosa del Señor que me protegió, me cubrió y me dio vida. El Señor me escogió, me señaló y me separó desde antes de la fundación del mundo.

Hoy entiendo por qué pasé todo lo que pasé, por qué tuve que experimentar todo lo que viví; y es por esta razón, que quiero compartir mi testimonio, para que sirva de inspiración a todas aquellas personas que piensan que no pueden, que el enemigo las tiene anuladas, que no se han atrevido a cumplir el propósito y el destino que Dios tiene para sus vidas. A pesar de todo, Dios se ha glorificado en mi vida y ha hecho su obra en mí. Si lo hizo conmigo, también lo puede hacer con usted.

Mi infancia

Nací en un pueblito llamado "La Joya" en Santander, Colombia. La zona donde vivíamos se llama "El Peñón", porque hay muchas piedras grandes, tan grandes como un edificio de 20 pisos. Mi papá construyó una casa muy bonita en medio de montañas. En esa tierra, se cultivaba de todo; era muy rica y especial. La casa era relativamente grande; había una habitación donde dormían mis padres, y otra bastante amplia, la cual compartíamos mis hermanos y yo. Soy hija de Aníbal Duarte y Leonilde Vargas. Crecí junto a mis hermanos Samuel, Inés, Rito (1), Ana Bertilia (1), Rito (2), Misael, Florentino, Lucía, María Jesús, Ana Bertilia (2), Marlene, Eduardo, Rito (3), y Ana Licenía. No sé por qué mi mamá tuvo tantos Ritos y Anas, pero me imagino que tendría sus motivos.

Desde que tengo uso de razón, me tenía que levantar a las 3 ó 4 de la mañana a trabajar en la tierra, para ayudar a mi mamá. Algunas veces, no quería obedecer, pues me costaba mucho levantarme, y debido a esto, mi mamá me daba unas palizas tremendas. Ella me decía: "la obediencia la aprendes por las buenas o por las malas; si tengo que hacerlo usando la disciplina, a palo te la enseño. Tienes que aprender la obediencia". Mi infancia transcurrió trabajando el día entero; por la noche a dormir, y a la mañana siguiente, a trabajar nuevamente hasta finalizar la jornada.

Recuerdo que, en la casa, siempre había cuatro niños casi de la misma edad, pues mi mamá daba a luz uno tras otro. Ella quedaba embarazada casi inmediatamente después de haber tenido un bebé; nos llevamos menos de un año entre un hermano y otro. Yo estuve cuidando niños toda mi niñez; prácticamente ayudé a criar a mis hermanos. En realidad, no tuve infancia, pues lo que vi y viví fue muy fuerte, muy duro para mi edad. Lo bueno es que, en medio de todas las cosas que pasé, aprendí a trabajar duro y honradamente, gracias a Dios. Aprendí a luchar y a trabajar la tierra. Trabajaba en las montañas buscando el alimento para mis hermanos. Caminé descalza hasta los 11 años y sólo tenía un vestido, ¡mi vestido rojo con el que viví experiencias que marcaron mi vida!

Me sentía muy sola, y aunque tenía papá, parecía como si no lo tuviera, pues él siempre estaba trabajando en el campo, en pueblos que quedaban a ocho horas de distancia de donde vivíamos (en esa época, las distancias se recorrían a pie, ya que tener un vehículo o una carreta era algo inalcanzable para nosotros). Aunque también tenía mamá, ella estaba siempre ocupada con mis hermanos; embarazada, trabajando y sufriendo. Nunca escuché una palabra de amor o afirmación de ella hacia mí, como tampoco un abrazo. Aunque tenía muchos hermanos, tampoco podía contar con ellos, porque, a medida que iban creciendo, entre los 12 y 13 años, se iban a otros lugares, buscando un mejor futuro y no los volvíamos a ver; incluso, nunca más volvimos a saber de una hermana mayor.

Mi infancia fue marcada por el sufrimiento de mi madre, debido a que tuvo tantos hijos, a que quiso tantas cosas y a no encontrarle explicación a nada, su vida fue muy difícil, además de todo esto, le tocaba defendernos a nosotros y a las tierras, aún estando embarazada.

Cuando tenía como cuatro años, vi a mi mamá dando a luz, y eso me traumatizó. Ver un parto en vivo a los cuatro años de edad y en las condiciones en que ella los tenía, era demasiado fuerte. Mi mamá daba a luz en la casa, sin ningún tipo de ayuda. Se compraba un lazo y lo colgaba en el lugar más alto; luego, se agarraba de ahí fuertemente para hacer el trabajo de parto. Muchas veces, pasaban días y yo sólo la escuchaba gritar y gritar. Cada vez que la veía comprar un lazo nuevo sabía que ya iba a dar a luz. Esta situación me atemorizaba mucho y se repetía constantemente.

Siempre la escuché decir que ser mujer era una desgracia; que las mujeres sólo tenían que sufrir, "parir" y trabajar. Mi mamá constantemente estaba llorando, siempre triste y muy infeliz. Por otro lado, padecía de fuertes flujos de sangre; era algo que le sucedía muy a menudo. Recuerdo su sufrimiento y sus continuas quejas, y una de ellas era la de ser mujer. Mi mamá hubiera preferido ser hombre, según ella, porque el hombre no sufría igual que la mujer. Así fue como el rencor y la frustración, por ser mujer y por experimentar tanto sufrimiento, empezaron a crecer en mí.

Un día supe que mi mamá había tratado de abortarme en tres ocasiones, pues después de 8 hijos, para ella era muy difícil tener otro más. Tuvo varios abortos, pero le doy gracias a Dios que no fui ninguno de ellos. Aunque quiso deshacerse de mí, posteriormente llegué a ser para ella como su hija favorita; y a pesar de que no recibí palabras de cariño de su parte, le decía a los demás que era la hija más callada, más trabajadora, más inteligente, más líder de todos sus hijos. Ella observaba en mí que tenía la capacidad de mandar a todos los demás, y por esto, se llevaba muy bien conmigo.

Dios me libre de juzgar a mi mamá; ni la juzgo ni la señalo. Yo sé que ella y mi papá amaban a Dios. De hecho, mi papá decía que siempre le teníamos que temer a un Dios que había; él se quitaba el sombrero y decía: "el día que yo parta de este mundo, me iré con ese Dios; mi fe me llevará al cielo". Mi papá tiene una fe muy grande en Dios, y nos enseñó a amarlo y a temerle, aunque equivocadamente; así como aún lo hacen muchas personas en los pueblos. Pero gracias a Dios, un día, conocimos la verdad.

A pesar de nuestra situación, teníamos la bendición de Dios. Éramos los únicos que tenían fuentes de agua natural, lo que nos evitaba sufrir la escasez de agua durante la sequía, mientras que otros no podían disfrutar de este beneficio. Esto despertaba mucha envidia en algunos vecinos; a tal punto, que querían abusar de nuestras tierras. Por eso, crecí con el temor de que, en algún momento, iban a matar a mi mamá. Fueron muchas las veces que la vi pelear, ser golpeada, destruida. Ella se enfrentaba a hombres para defender lo que le pertenecía y defendernos a nosotros, pues en medio de las peleas, mis hermanos y yo, también teníamos que entrar a pelear; nos pegaban, pegábamos y así sucesivamente. ¡Era horrible!. En una ocasión, hasta salí con un brazo partido. Muchas veces, vi a mi mamá al borde de la muerte, porque era de un carácter tan fuerte, que hasta le decían "la leona"; de por sí, ya estaba predispuesta a pelear y a dar la vida; sobre todo, si se trataba de defender lo de ella. Así crecí, entre peleas y sangre. Y aunque, gracias a Dios, no hubo muertos, esto me hizo crecer con el temor de que a mi mamá la podían matar en cualquier momento.

Mientras mi mamá defendía las tierras, mi papá trabajaba en el campo, pues no era nada fácil alimentar a una familia tan numerosa. Por eso, todos teníamos que trabajar. A mí me gustaba estudiar, pero no podía a causa del trabajo; así que, iba una semana a la escuela y la otra no. A causa de esto, me costaba aprender, y era tanta la frustración de las maestras, que me pegaban. Recuerdo que un día una de ellas me cogió a cachetadas. Entre el sufrimiento de mi mamá, el maltrato en la escuela y la frustración por no poder estudiar, el rencor y el resentimiento fueron acrecentándose en mí. Yo era una mujer dentro de una niña; es decir, era una mujer cuidando a la niña, así como un día el Señor me lo mostró en sueños.

El vestido rojo....

...era mi único vestido. Cuando estaba muy niña, yo tenía que ir al río a lavar los pañales de mis hermanitos, y allí siempre había un toro que, tan pronto me veía, quería tirarse encima de mí; pues siempre estaba con mi vestido rojo. En ese momento, lo único que yo podía percibir, como una niña de siete años, no era a un toro, sino a un diablo que deseaba acabar conmigo. Ahora puedo reírme al recordar la experiencia, pero en esa época, era algo pavoroso.

A los ocho años de edad, tuve otra experiencia que me traumatizó. Un día, sembrando maíz, el vestido se me ensució; así que, rápidamente, lo lavé y lo puse a secar al lado de la estufa de leña antes de que llegaran los obreros (que en aquel tiempo eran como 100 hombres). Pero, cuando estaba subiendo al ático, veo que los obreros están llegando, fue tanta la vergüenza que me dio, que me quedé como sembrada en el piso, sin saber qué hacer. Cuando al fin reaccioné, corrí hacia mi mamá para que me cubriera; pero ella, en vez de hacerlo, también se quedó estática, y tal vez de los nervios, se empezó a reír.

Ese momento quedó marcado por mucho tiempo en mi vida, porque sentí que fui en busca de protección y no la recibí. Me costó mucho perdonarle eso a mi mamá.

Durante mi infancia, viví desde experiencias jocosas como la de mi vestido rojo, hasta otras muy dolorosas, como la de presenciar la violación de una de mis hermanas. Éste fue otro suceso que marcó mi vida. Yo decía: "por qué?, por qué?, pero era un por qué de ira y dolor; era un por qué de querer romper la pared. Fue un momento horrible, yo estaba detrás de unas rocas observando cómo violaban a mi hermana chiquita; ella tendría menos de diez años. En ese momento, no hice nada, pues tuve miedo de defenderla; más bien, estaba buscando la forma de esconder mi rostro mientras pensaba: "¡esto es parte de la vida!", pero algo me decía: "no, no es normal". Yo pensaba así porque en esa época, no se hablaba más allá de lo cotidiano; a uno no le explicaban estas cosas para nada, y mi pensamiento era ingenuo. Por otro lado, era irónico pensar que mi mamá le dio tremendas palizas a hombres que amenazaban con violarnos, y no sabía lo que estaba pasando con su hija. Yo nunca le conté, pues me decía a mí misma: "si le cuento, mata a mi hermana o los mata a ellos"; por eso, callé. Ellos son personas cuyos nombres prefiero omitir. De hecho, si un día leen este libro, van a saber de quién estoy hablando y no quisiera que esto sea un tropiezo para ellos; al contrario, si eso sucede, espero que el Señor los toque, les dé convicción de pecado y se arrepientan; porque sé que no eran ellos sino un demonio que quería destruir a mi hermana.

Cuando me convertí al Señor, lloré mucho, agradeciéndole a Él por esa protección sobrenatural que siempre tuvo conmigo; porque lo mismo que le sucedió a mi hermana, me pudo pasar a mí y no fue así. Ella murió a los 26 años de edad; su vida fue demasiado cruel. Tuvo que pasar por cosas terribles. Nunca entendí por qué mi mamá le tenía tanto fastidio; creo que era algo espiritual. Siempre pensé que sus actitudes en contra de ella eran muy raras. Pues mi mamá la maldecía mucho, era muy cruel con ella, le hablaba muy feo, y sin saber, la estaba exponiendo al peligro con los dichos de su boca. Por eso, es tan importante que los padres cuiden lo que dicen de sus hijos y a sus hijos.

Había actitudes de mi mamá que no comprendía; pues, al mismo tiempo que era la madre que nos defendía de la maldad del mundo, había algo en ella (como diabólico), que la dominaba en ocasiones. Por ejemplo, una vez a mi hermano se le cayeron unos huevos, y mi mamá le pegó y lo colgó; yo creía que lo iba a matar. Esa noche me mandó a cuidar otra casa, pero tuve pesadillas toda la noche. Al día siguiente, corrí a ver a mi hermano y lo encontré con el cuello marcado y ensangrentado. Todas estas cosas fueron desarrollando en mí, resentimiento y miedo hacia mi mamá; pero ahora sé que no era ella, sino el mismo diablo tratando de traer desgracias a mi familia.

Una vez mi hermano Misael y yo, estábamos cocinando una sopa. Entonces, mi hermano Eladio, el de cuatro añitos, trató de sacar comida de la olla, pero se cayó dentro de ella; la quemada fue impresionante. Misael y yo tuvimos tanto miedo que mi mamá nos matara, que le echamos agua al niño y salimos huyendo a la montaña. ¡Fue horrible!.

Mi infancia se llenó de experiencias muy traumáticas, de tristeza, soledad, frustraciones, resentimientos, pero siempre, siempre estuvo la mano de Dios protegiéndome de una manera especial. Mi mamá conmigo era diferente no me trataba como a los demás; siempre me decía: "Chelito, algún día la voy a sacar de aquí para que no tenga que pasar lo que yo he pasado"; y efectivamente, a los 11 años de edad, me fui con mi tía para la capital, me fui con el dolor de dejar a mi hermana en esa situación por la que estaba pasando, sabiendo que mi mamá no tenía planes de sacarla a ella de allí. Me fui de ese lugar con una herida muy grande en el corazón.

La capital... mi adolescencia repartiendo cerveza en Bogotá

Llegué a la capital, a casa de mi tía a luchar de igual manera. Ella tenía una cantina de venta de cerveza en el barrio La Estrada en Bogotá. Me hacía trabajar durísimo repartiendo cerveza en una carreta por todo el barrio y no me pagaba. Sin embargo, a pesar de que me explotó, fue muy cuidadosa conmigo. Ella cuidó de mí para que no me fueran a tocar, para que no me corrompiera ni que fuera a coger un mal camino. También, cuidó de mi inocencia e ingenuidad. Por eso, agradezco tanto a mi Señor, porque siempre hubo algo sobrenatural protegiéndome. Nunca tomé cerveza, nunca probé el cigarrillo ni las drogas. A veces eran las 11 de la mañana y yo no había desayunado. Y para colmo, se me quemaban las ollas porque no sabía usar la estufa. Pasaba tanta hambre que le robaba un peso a mi tía para comerme una empanada en la esquina. Era tanta el hambre que pasaba, que tenía que robarme el peso para poder comer. Y eso no era todo, yo dormí en el piso de la casa de mi tía, desde los 11 hasta los 14 años, el mismo tiempo que estuve con ella repartiendo cerveza y viendo borrachos. En dos ocasiones, me trataron de violar, pero estos hombres no pudieron porque yo me defendí peleando como vi a mi mamá hacerlo, y gracias a Dios, tuve las fuerzas para lograrlo.

A medida que fui creciendo, me fui dando cuenta que ni siquiera había terminado mis estudios, y se fue despertando en mí un odio hacia mis padres y mis hermanos por todo lo que viví, especialmente al ver todo lo que ocurrió con mi hermana. A los 14 años, decidí irme de la casa de mi tía porque no me pagaba. Me fui a trabajar a un restaurante llamado Los Olivos con unos evangélicos. Esta pareja evangélica me cuidaba mucho, protegía mi inocencia y me cuidaba de los peligros. Sin embargo, teniendo la oportunidad de convertirme en una cristiana, no fue con ellos que recibí al Señor; porque, aunque predicaban el evangelio, no lo practicaban en su vida diaria, pues muchas veces, daban mal testimonio. Nos pagaban una miseria, nos daban techo y comida, pero nos descontaban a todas las empleadas, cinco pesos por desperdicio de agua, cinco pesos por desperdicio de luz y cinco pesos por desperdicio de aceite; al final, casi no nos quedaba sueldo.

Poco a poco iba despertando de mi inocencia, y entonces decidí buscar a una maestra que me ayudara a compensar, de alguna manera, los años de estudio que había perdido. Ella me hizo una evaluación y para mí fue un trauma darme cuenta que era una analfabeta, una ignorante. Cuando, al fin, pude ingresar a una escuela, la maestra me dijo que tenía que comenzar desde el principio. Así fue como, a los 16 años de edad, cursé el primer grado, luego de un mes, pasé al segundo grado; a los seis meses pasé a otro curso, y así sucesivamente. Cada seis meses pasaba a un curso diferente. Gracias a Dios me ayudaron en la escuela, pues también tenía que trabajar. Sin embargo, recibí muchas humillaciones, la gente me decía que era una bruta que nunca iba a ser algo en la vida. Cuando me vino el período por primera vez, fue traumatizante para mí, porque no sabía la razón por la cual estaba sangrando. Todas estas experiencias llenaron mi mente de muchas preguntas que no tenían respuesta.

A los 18 años, regresé a mi casa, y cuando llegué, ellos estaban muy confundidos, porque no sabían quién era. Pero cuando les dije: "soy Chelito la que se fue cuando tenía 11 años", se pusieron tan felices, que no sabían si llorar o reír al ver a una mujer totalmente diferente. Lucía, mi hermana, me decía desesperada: "¡ayúdeme ayúdeme, arránqueme de aquí!" Me quedé sólo cuatro días más y me regresé a la capital. Era tanto el rechazo hacia mi papá y hacia mi mamá, que no soporté estar allí ni un día más. Me llevé a mi hermana Lucía y me empezó a contar todas las cosas que le ocurrieron, especialmente en el área sexual. Cuanto más ella hablaba, más rencor se acumulaba en mi corazón.

Cuando llegué a Bogotá, conseguí trabajo en una fábrica de cueros, y vivía en una habitación con otras amigas.

Escogiendo entre Dios o el diablo...

Apareció un hombre en mi vida, que se convirtió en mi ilusión. Este hombre me propuso que me fuera a vivir con él, a lo que rápido le contesté, que no se equivocara conmigo. Pero, aunque tuve el valor de decirle eso, sufrí mucho por él. Él solía llamarme, y salíamos juntos para compartir y conocernos; pero yo siempre me cuidaba y me guardaba, me controlaba a mí misma porque no quería fallar. De hecho, cuando tenía 11 años, sin saberlo, hice un pacto con Dios cuando le dije: "Dios, yo quiero que estés conmigo las 24 horas del día y que me ayudes a poder conocer a un hombre para toda la vida". Siempre tuve una pasión especial por Dios, aunque no lo conocía en ese momento; era la misma pasión de mi papá. Aunque ni mi papá ni yo sabíamos quién era Dios, estábamos seguros de que sí existía.

Llegó el día que conocí al hombre de mi vida, Cristo Jesús. Lo conocí el 10 de junio de 1985, día de paro cívico en Colombia. Mientras tanto, el hombre del que les he venido hablando, me propuso que nos fuéramos a probar la vida juntos, y ahí mismo le dije: "no va a poder ser, pues conocí a un hombre que se llama Jesús, y por Él te vas de mi vida para siempre". Después de eso, pasé dos meses llorando, pero le pedí al Señor que lo arrancara de mi corazón y así lo hizo. Esto no fue fácil, debido a que yo buscaba en él a un padre, y la dependencia que había creado era muy fuerte. Pero, gracias al don de discernimiento que Dios me ha dado, podía ver en sueños la vida de este hombre; pues soñaba que él era un borracho, un descarado, un sinvergüenza. Gracias a mi Padre Celestial me decidí por Jesús, porque ese hombre lo único que quería era llevarme a la perdición.

Todos nosotros somos producto de nuestras propias decisiones; y si no hubiera decidido por Cristo, a lo mejor hoy estaría en Bogotá, quién sabe en qué barrio, en la perdición o en un adulterio. ¡Quién sabe en dónde estaría!

A veces, los seres humanos queremos echarle la culpa a Dios o a los demás de nuestras acciones, pero debemos ser conscientes que si sembramos malas decisiones, vamos a cosechar malos resultados. En mi caso, habían dos hombres por los cuales tenía que decidir: el diablo o Jesús. Es como si Dios me hubiera dicho: "pongo delante de ti los dos caminos, ¿qué quieres, la bendición o la perdición? ¿qué quieres?" Yo escogí la bendición. Pero en ese momento, la decisión más llamativa era la perdición.

Hoy puedo entender que cuando ese hombre me habló, era el mismo diablo hablandome a través de él, pues me dijo pestes de los pastores y de los evangélicos. Una de las cosas que me dijo, fue que los pastores abusaban de muchachas como yo. Pero gracias a Dios no lo escuche y decidí por ese hombre llamado Jesús; ese hombre desconocido, que ahora conozco y que si no hubiera sido por Él, no me habría casado con Guillermo Maldonado. Si yo no hubiera decidido por Jesús de Nazaret, quién sabe dónde y cómo estaría en este momento.

El día más importante de mi vida... cuando conocí a Jesús

Una mujer colombiana de alta sociedad, que ocupaba un puesto muy alto en el gobierno y que un día conoció a Jesús, decidió renunciar a su trabajo, ella dejó su salario y se puso tenis y jeans para empezar a predicar por las calles. Ella iba de puerta en puerta dando a conocer lo que Dios había hecho en su vida. El 10 de junio de 1985, tocó la puerta del lugar donde yo vivía. Esa mujer se llama Luisa. ¡Ojalá que ella un día sepa lo que hizo y cómo Dios la usó como un instrumento para que yo recibiera al Señor al oír su testimonio. Luisa me llevó a la iglesia donde se congregaba, y allí conocí a un anciano de 85 años, un viejito, lindo con su pelo blanco. Ella me llevó donde él y le dijo: "quiero que ores por esta niña". Cuando ese hombre oró por mí, puso su mano sobre mi cabeza, y en ese momento, entró un calor muy dulce y especial dentro de mí. Sentí como una luz que entró en mi corazón y en mi mente; ése fue el espíritu de Dios que entró en mí de una forma tan especial y tan dulce que nunca en mi vida he sentido algo igual. Ahí fue cuando tomé la decisión de seguir a Jesús.

Yo invitaba a mi hermana Lucía a que fuera a la iglesia conmigo, pero cuando iba se quedaba dormida. Me decía: "es que no quiero, no me gustan los evangélicos". Parece que ella estaba muy atada, y como yo no sabía de liberación, no podía hacer nada al respecto, mas que llevarla de visita a la iglesia; aunque realmente nunca vi que se entregara a Cristo. Un día me dijo que quería irse para otro lugar; pero yo le dije que no la iba a apoyar en esa decisión, que no se fuera a ese lugar porque era muy peligroso; sin embargo, no me escuchó y ahí encontró la muerte. Lamentablemente, cuando ella estaba embarazada, la picó una culebra en los días que ya casi iba a dar a luz. En el momento que lograron llevarla al hospital, la bebita tenía solamente 11 gramos de sangre limpia, pero aún el doctor se las arregló para salvarla. Lo que no pudieron evitar fue que la niña se manchara como una serpiente, producto de la picadura. Dos años más tarde, la niña que habían logrado salvar, murió. Fue a causa de esto y del trato que le daba el hombre con quien mi hermana convivía, que ella entró en una pena moral horrible (espíritu de depresión). Dicen que se mató, pero yo estoy casi segura que a mi hermana la mataron. Me contaron que ella siempre decía: "Chelito me va a sacar de ésta", pero tristemente, cuando me enteré de lo que le había pasado, ya estaba muerta. Hasta el día de hoy no tengo claro qué fue lo que le sucedió. Le he preguntado al Señor dónde está ella, pero no me ha dado respuesta. Espero, con todo mi corazón, que a última hora, haya tenido la salvación que sólo Jesús puede dar; porque ella escuchó del evangelio, ella escuchó del Señor. ¡Qué tristeza cuando la gente rechaza el evangelio!

Adiós al odio, a la frustración y al rencor...

"*2 Honra a tu padre y a tu madre, que es el primer mandamiento con promesa; 3para que te vaya bien, y seas de larga vida sobre la tierra*". Efesios 6.2, 3

A través de mi entrega al Señor y de leer y confiar en su Palabra, el Señor fue borrando el odio, el rencor y la ira. Una de las primeras revelaciones que confrontó mi vida, fue Efesios 6.2. Esa palabra me llevó a perdonar a mi mamá y a mi papá, porque entendí que para obedecer a Dios, hay que perdonar; y para honrar a los padres, hay que hablar bien de ellos y ayudarlos en todo lo que necesiten. Por lo tanto, decidí viajar a donde estaban ellos y les pedí perdón por haberlos juzgado y culpado por la niñez que yo había tenido; pues nunca había pensado que ellos también fueron personas muy heridas y sufridas. Y fue así como comenzó el proceso de perdonar. Sin embargo, mi perdón no fue aceptado porque mi familia era súper religiosa, mi mamá era muy idólatra, me criticaron, me dijeron fanática, loca, evangélica; pero en mi interior yo decía: "pues más fanática me voy a volver, porque esta experiencia es algo que no se puede explicar".

En ese momento, no sabía nada de liberación. Aunque ahora sé que la primera liberación se obtiene cuando uno recibe a Jesús; ahí uno empieza a ser desatado de muchas cosas; pero la siguiente etapa de la liberación se va logrando a través de la madurez. Por eso, a medida que he ido madurando, Dios me ha llevado por un proceso de liberación de los traumas que sufrí en mi infancia. Él me liberó de la furia que yo sentía contra la vida por haber visto y haber sentido todo ese sufrimiento, especialmente el dolor de mi mamá. A veces, ni nos damos cuenta del enojo que llevamos en el subconsciente. A causa de esto, hace un tiempo, el Señor me confrontó porque yo no podía identificarme con la mujer como quería, ya que dentro de mí, todavía había ira por las palabras de mi mamá acerca de la mujer. Aunque sentía pasión por restaurar a la mujer, había algo que no estaba funcionando bien y Dios me liberó.

Con el tiempo, mi mamá recibió al Señor y, finalmente, partió con Él. Mi papá también lo recibió cuando estaba a punto de morir en un hospital; yo me encontraba allí. En ese momento, empecé a pasar mi mano sobre su cabeza y, al mismo tiempo, a decirle lo buen padre que había sido, del buen ejemplo que me había dado y de las cosas buenas que me enseñó; e instantáneamente, el Señor lo sanó y lo libertó. Ahora él es cristiano, es el cofundador de la iglesia que tenemos en Colombia, es un guerrero y un hombre de ayuno y oración. Casi todos mis hermanos son cristianos, y hoy día, gracias a Dios, muchos de los sueños que mi mamá tenía para ellos, el Señor los está cumpliendo a través de mí. ¡La gloria sea para él!

Durante mi infancia y adolescencia, vi cómo el enemigo trató de destruir a mi familia, pero se le terminó su tiempo, porque todos entraron en el pacto; y hoy son hombres y mujeres de oración, transformados, libres y restaurados, gracias al amor incondicional de Jesús.

La primera oración que vi contestada de forma milagrosa...

Un día en mi trabajo, mi jefe me dijo que le llevara un dulce de menta, y a mí se me olvidó; por una menta, me humilló, me ultrajó, me insultó y me echó del trabajo; me dijo: "tú nunca vas a ser alguien, tú no eres nadie, no sé ni para qué estudias tanto". Él me tenía mucha cólera, porque me hacía bromas sexuales y yo no se las aceptaba. Cuando me humilló, me enojé tanto, que le dije: "algún día Dios dirá lo que va a hacer contigo". Recuerdo que en ese mismo lugar, me tiré de rodillas al piso por causa de las humillaciones, y le dije a Dios: "sácame de aquí, yo quiero estudiar y no puedo, yo quiero conocer un hombre sano, y todos los hombres lo que quieren es usar a la mujer como si fuera un objeto o una porquería", "sácame de aquí y sácame de esta maldita pobreza".

Después de un mes, ese mismo jefe que me había despedido, me mandó a buscar. Cuando fui a verlo, me dijo: "te mandé a buscar porque el dueño de la compañía necesita hablar contigo. Me pidió una muchacha honrada, con tus cualidades, y yo le hablé de ti". Entonces, llegué a una mansión de una cuadra, la cual cubría una manzana completa del barrio "El Chico" en Bogotá; una vez que llegué al lugar, me encontré con una mujer judío-americana que me dijo: "he entrevistado 20 mujeres, pero tú eres la que necesito, te quedas conmigo. Yo viajo mucho y necesito una persona que me acompañe, que siempre vaya conmigo. Vamos a viajar a los Estados Unidos y quiero que te presentes a la embajada para solicitar la visa; así que pídele a Dios que te la den". Antes de ir a la embajada, me tiré de rodillas otra vez y le dije a Dios: "Señor, por favor, ayúdame para que el embajador no me diga que no". Cuando me presenté a la embajada, el embajador me miró por la ventana, no recuerdo ni qué me preguntó, pero me firmó y me entregó la visa.

Viajamos a los Estados Unidos y, después, regresamos a Colombia nuevamente. En esa casa, trabajábamos muchos evangélicos. Un día, uno de mis compañeros de trabajo tuvo un sueño, el cual, al comentárnoslo, nos llevó a la conclusión de que algo iba a pasar en esa casa. El me dijo: "tenemos que orar por esta gente porque algo va a pasar". Efectivamente, al poco tiempo, se aparecieron unos secuestradores para llevarse al dueño de la compañía; pero no se pudieron salir con la suya, ya que en la empresa, había un empleado parecido al dueño y se lo llevaron a él. El dueño de la empresa inmediatamente viajó a los Estados Unidos con su familia, y yo me quedé en Colombia; entonces la señora me dijo: "mija, no se puede ir conmigo", pero me dio las instrucciones para viajar sola y reunirme con ellos en los Estados Unidos.

De un pueblito remoto en Colombia al sueño americano... Estados Unidos.

Jamás me imaginé que iría a vivir en este país, pero el Señor ya tenía un plan establecido para mi vida.

Tenía mucho miedo de subir a ese avión sola. Me senté en la silla equivocada y la azafata me llevó a la correcta, la silla número 20. Me senté y empecé a leer la Biblia, pues era en lo único que podía confiar y depender en ese momento. La mujer que estaba a mi lado, muy hermosa por cierto, me dijo: ¿Tú eres cristiana? y le contesté: "estoy tratando". Entonces ella me dijo que era misionera de la Macarena, y que venía a una misión en Miami. Ella fue como un ángel que el Señor me envió, pues me ayudó en el aeropuerto y me llevó a la casa de la familia judía que me esperaba. Así fue como llegué a Miami.

Ya estando en Miami, empecé a buscar de Dios desesperadamente. Trabajé dos años en la casa de los judíos, y allí pude reflejar el testimonio de Jesús a través de mi comportamiento. Un día la señora se desmayó, y cuando oré, en tres minutos se levantó. Siempre que tenían problemas me pedían que orara por ellos, pues decían que yo estaba más cerca de Dios. Durante este tiempo, me pasaron muchas cosas; una de ellas fue que se me venció la visa y me quedé ilegal en el país. Hombres adinerados me perseguían, me proponían matrimonio y me ofrecían darme los papeles; pero, gracias a Dios nunca cedí a las proposiciones de ningún hombre. Le dije a Jesús: "Señor, tú me trajiste a este país, y yo confío en que tú me vas a dar los papeles; yo no voy a mentir, voy a hacer las cosas como a ti te gustan". El enemigo siempre me ponía tentaciones para apartarme de los planes que Dios tenía para mí.

Y conocí a mi esposo: Guillermo Maldonado

Empecé a ir a la iglesia y ahí fue donde realmente tuve un encuentro genuino con Jesucristo. No fue fácil, porque yo estaba sola. Pero más tarde, en la misma iglesia, conocí a Guillermo; él tenía cinco meses de convertido. Guillermo era un muchacho recién salido del mundo, bastante picarón por cierto, y hacía varios domingos que me había "echado el ojo". Un domingo se me acercó, y cuando lo vi cerca, empecé a reprender al diablo, decía dentro de mí: "diablo, yo no vine a la iglesia a buscar marido". Pero nos hicimos amiguísimos, nos veíamos una vez a la semana, y hablábamos por teléfono, hasta tres veces al día. En ese momento, yo tenía casi 23 años y pensaba que él sólo quería jugar conmigo. Sin embargo, un día me propuso que fuera su novia, entonces decidimos orar y ayunar durante tres meses a ver si sentíamos paz y si era la voluntad de Dios; y si no, cada uno por su lado. Hicimos una amistad tremenda. Entre él y yo existía una unión espiritual muy fuerte, aunque ni nos gustábamos ni compaginábamos. Él era colérico, malgeniado, y yo super melancólica. Debido a que a los tres meses se cumplía el plazo, yo creía que él quería tomarme del pelo como en el mundo, pero nuestra amistad fue creciendo de una manera muy especial, hasta que entre nosotros nació una dependencia espiritual, no carnal, sino espiritual, y así fue como al cabo de tres meses, nos hicimos novios.

Para aquel tiempo, yo vivía a una hora de Miami, con Edy y Juanita, una familia puertorriqueña, quienes me llegaron a querer tanto, que ya me veían como a una hija. Si algún día llegan a leer este libro, quiero que sepan que de verdad fueron muy importantes para mí.

Yo limpiaba oficinas y casas porque pensaba en ahorrar dinero para ir a Colombia y terminar mis estudios, para cumplir mi sueño de tener mi propia tienda de diseño. Pero Dios tenía otros planes.

Empecé a evangelizar en todas partes, en la calle, en el bus y dondequiera que iba, evangelizaba. Después de dos años de noviazgo con Guilermo, decidimos hablar con nuestro pastor y preguntarle qué pensaba él de nuestra relación. Él nos dijo que veía algo grande en nuestra vida. Después de eso, pasamos dos años de pruebas fuertes en muchas áreas y luego nos casamos. Nunca en mi vida había asistido a una boda; la primera vez que yo fui a una boda fue a la mía.

Cuando Guillermo y yo nos conocimos, los dos estábamos ilegales en este país; sin embargo, Dios, en su misericordia, nos ayudó con las leyes que salieron en ese momento, entonces aplicamos y obtuvimos nuestros documentos.

Al tiempo, Guillermo empezó a servir en la iglesia, luego fue diácono, después ministro; y empezó a viajar por las naciones como evangelista; era un joven atrevido. Creo que desde el 8 de octubre de 1988, que fue cuando nos casamos, empezó también el ministerio.

El comienzo de nuestro ministerio fue muy duro. Una de las pruebas más grande que enfrentamos fue la del matrimonio, pues los dos cargábamos con un pasado lleno de sentimientos de rechazo; lo cual hacía que él me rechazara a mí y que yo lo rechazara a él. Yo viví el rechazo desde el vientre de mi madre, y lo tenía hasta en la piel. Todos los demonios de rechazo y de falta de perdón que podían existir operaban dentro de mí. También, tenía un espíritu de vergüenza que me habían inculcado durante toda la vida, por el sólo hecho de ser mujer. Por mi experiencia personal de estar atada por espíritus atormentadores, es que a mí nadie me puede hacer un cuento sobre la liberación, pues yo misma, soy un testimonio vivo de ella. Por otro lado, Guillermo había sufrido la muerte de su mamá cuando tenía apenas cuatro años de edad. Desde entonces, se crió con una madrastra, la cual no fue nada buena con él. Imagínese lo que significa para un niño quedarse sin mamá desde tan temprana edad. Los espíritus de abandono y rechazo que comenzaron a operar en él eran evidentes. Afortunadamente, desde pequeño estudió mucho, su papá luchó para que él pudiera completar sus estudios. Cuando comparo nuestras vidas, me doy cuenta que crecimos en un mismo ambiente y con carencias similares. Por eso es que, al comenzar a compartir la vida juntos, lo único que mantuvo vivo nuestro matrimonio fue el temor de Dios; ése fue el termómetro nuestro de cada día.

Bryan, mi primer hijo

Cuando mi esposo hizo el primer viaje misionero a Honduras, yo tenía ocho meses de embarazo, y le decía a Dios: "Señor, no entiendo cómo te llevas a Guillermo en medio de un embarazo". Un embarazo donde no había dinero para la comida ni para la renta; pero el Señor me habló a través de un hombre de Dios, el cual me dijo que no me preocupara, que Él me iba a suplir todo, y que me iba a prosperar tanto económicamente, que a mí nunca me iba a faltar nada. Sin embargo, el Señor nos probó en todo; nos probó en la fe y nos probó en el dinero. A veces, no teníamos para los pañales del niño o para la compota. En los trabajos que tenía cuando me pedían el seguro social y no mentía en cuanto a eso, de inmediato me botaban. Entonces empecé a vender almuerzos en "cantinas" y a cuidar niños, porque no quería dejar a mi hijo con nadie. Siempre busqué la forma de traer dinero a la casa porque no quería ser un parásito; pues soy una mujer de trabajo.

Nuestra vida matrimonial no fue nada fácil. Mi esposo y yo ni peleábamos porque nos sentíamos tan rechazados, que apenas nos comunicábamos. Sin embargo, cuando mi esposo no me daba mi lugar como mujer, el quedarme callada, en vez de imponerme, le permitía a Dios actuar en nuestra relación. Hoy día Guillermo reconoce que su actitud, en esa época, no era la correcta. Pero ahora es diferente, porque Dios le ha enseñado el lugar que me corresponde, no sólo como mujer, sino como esposa, madre, predicadora y pastora. Esta batalla no la gané peleando, sino callando y dejando que Dios obrará en él y en mí; dándome gracia y favor delante de los ojos de mi esposo. Por eso, hoy hago un llamado a todas las mujeres, especialmente a las que están en el ministerio, y con toda certeza les puedo decir:

"Mujer de Dios, usted tiene un llamado, pero su lugar lo gana permitiendo que Dios obre a su favor. Así que, continúe orando y tenga fe porque Él es soberano".

Altas Aventuras...

Altas Aventuras era el nombre de la emisora donde abrimos un programa de radio llamado Cristo es la Respuesta; esto se llevó a cabo con la aprobación de nuestro pastor de ese entonces. La señal llegaba a todo Sur y Centro América, más específicamente, a 70 naciones. Pagábamos esa emisora con mucho sacrificio, pero al leer las cartas y ver que el programa era de tremenda bendición, nos sentíamos respaldados por Dios. Llegaban cartas de México, Cuba, Chile, Argentina, Colombia, Venezuela y otros. Cartas de pastores que estaban a punto de retirarse del ministerio, pero que, a través del programa, se arrepentían y decidían seguir sirviendo al Señor. Esas cartas me ministraban tanto, que entendí que había un pueblo que estaba en peores condiciones que nosotros; pudimos ver la necesidad de otros y de esta manera, fue como Dios nos fue levantando.

El tiempo iba pasando y mientras Guillermo seguía viajando por las naciones, yo servía en la escuela dominical; y así pasaron nueve años. Durante esta época, Él Señor, no sólo nos probó en nuestro matrimonio sino también con el dinero, el orgullo, en fin, en todo. Fue, prácticamente, como cuando Dios probó al pueblo de Israel en el desierto, sacando de ellos lo que Él quería. Lloramos mucho, pero maduramos. Hoy día entendemos por qué Dios permitió que pasáramos por esas pruebas, y la razón es que, era necesario para que nuestro ministerio se levantara. El único apoyo que Guillermo tenía, éramos el niño y yo. Y para mí, Bryan era mi compañía y mi amigo.

Empezamos a comprender que había un llamado fuerte en nuestras vidas, pero no sabíamos qué hacer. No queríamos abrir una iglesia para no correr el riesgo de causar división en la iglesia a la que asistíamos. Decidimos esperar en Dios, hasta que vino el Apóstol Ronald Short, quien nos dijo que debíamos mudarnos de iglesia. Él siempre estuvo pendiente de nosotros, y le daba consejos a Guillermo. Mis recuerdos de la iglesia donde estuvimos, durante nueve años, son los mejores. Vimos un testimonio muy lindo en nuestro pastor de ese entonces; pues es un hombre muy íntegro con el dinero y en su matrimonio. En mi boda, los pastores Jesús y Cony del Cristo fueron espléndidos con nosotros en todo; ellos mismos se encargaron hasta de las flores. ¡Todo fue de blanco y azul, y como Dios manda! Y cuando Bryan nació, las flores más lindas nos las llevaron ellos. Esos detalles tan bellos marcaron mi vida y se los agradezco.

El Señor nos llevaba a pasos agigantados, muy rápidos. Por eso, ambos trabajábamos arduamente por el ministerio, y de esta manera, Dios nos fue preñando con la visión de las almas y la magnitud del mismo. Muchas veces, mi esposo estaba adelante predicando y yo estaba atrás apoyándolo en oración; y fue entonces, que empecé a tener visiones. El Señor me mostraba una iglesia y un pueblo. En ocasiones, mientras iba manejando, el mundo espiritual se abría y podía ver naciones. Dios me mostraba que nos iba a dar una iglesia.

Dios nos llevaba rápido, pero nos fue dando de a poquitos; nos dio un programa de radio, nos dio una respuesta y, luego, un pueblo. Después pusimos otro programa en la emisora 10.80 am, a la una de la madrugada. A veces, nos daban las dos y tres de la mañana ministrando gente que se quería suicidar, o que tenía problemas matrimoniales terribles; a esa hora, como que a la gente se le despertaban los problemas de toda índole. Todo esto fue acrecentando, tanto en mi esposo como en mí, la pasión por ministrar. Cuando él viajaba, yo hacía el programa; me identificaba mucho con el pueblo de Miami que sufría, que estaba necesitado, con jovencitas queriéndose suicidar y todos sus sufrimientos. El ministrar a otros nos fue llenando más y más con la pasión por tener un ministerio.

En medio de todo esto, seguíamos luchando con nuestro matrimonio; ésa fue una de las áreas que más nos costó. Teníamos dos temperamentos totalmente distintos, ya que nuestras personalidades eran muy diferentes. ¡Éramos dos mundos aparte! Yo era muy introvertida, me escondía de la gente; era una melancólica radical y criticona. Por otro lado, él era un sanguíneo, y para él todo era chiste, risa y relajo. Para mí era muy difícil compenetrarme con Guillermo, y al ver esto, yo decía: "Señor, este hombre como que no es para mí, no va conmigo en nada". Pero Dios nos escogió, nos unió, puso una visión grande en nuestra vida y como dice la Palabra: *"Siervo fiel, en lo poco fuiste fiel, en lo mucho te pondré".* A medida que fuimos fieles al Señor con el programa de la radio, también le fuimos fieles en el pacto de matrimonio; y lo que nos unió fuertemente, fue el amor y el temor de Dios que, continuamente, estaba en nosotros. A veces, no entiendo cómo nos llegamos a casar; realmente fue un milagro de Dios, pues no reuníamos las características para que ese matrimonio fuera exitoso. Pero el Señor fue alineando todo en el camino y poniéndolo en su lugar. No fue nada fácil, pero el Señor nos dio la victoria.

Cuando nos casamos, nos propusimos orar todos los días juntos como matrimonio, y creo que ésa fue una de las bases importantísimas para que nuestro matrimonio saliera adelante. Las circunstancias no nos favorecían para estar el uno con el otro, pero el matrimonio se centralizó en el amor y temor a Dios.

Finalmente, nos mudamos de iglesia, nos despedimos del pastor y dejamos líderes preparados para que continuaran el trabajo en los ministerios en los que estábamos sirviendo. Al llegar a la otra iglesia, empezamos a servir de nuevo. Allí también encontramos un pastor muy especial, quien fue como un padre para nosotros. Cuando le pregunté al Señor en qué quería que sirviera, me dijo: "quiero que trabajes con los niños y limpiando los baños", y así lo hice hasta que, un año después, Dios nos habló de partir, aunque el pastor no quería que nos fuéramos; sin embargo, teníamos que sintonizarnos con la voluntad del Señor y, al mismo tiempo, estar sujetos a nuestra autoridad espiritual, que era nuestro pastor. Entonces, decidimos hablar con él para que nos diera su bendición. Y así fue como nació el Ministerio Internacional El Rey Jesús, y nuestro hijo Ronald.

Y nació el Ministerio Internacional El Rey Jesús... y mi segundo hijo Ronald

Aquello que comenzó en la sala de nuestra casa con unas pocas personas, fue una bomba porque creció muy rápido. Cuando ya no cabíamos, Guillermo fue a un centro comercial a pedir un lugar. En ese mismo sitio, funcionaba una empresa de telemarketing y un consultorio de acupuntura; y aunque nos dieron el último hueco, donde sólo cabían 30 personas, nos metimos allí. Fue una lucha tremenda; pero eso mismo, me impulsó a comenzar el ministerio de intercesión a la cinco de la mañana. Cuando vi tantas cosas: iglesia, crecimiento, oposición, persecución, difamación, el embarazo de Ronald, de repente era como si nos estuvieran bombardeando por todos los lados; pero tomé la decisión de que nada me iba a detener. Así embarazada, me iba a orar a las cinco de la mañana, y le decía al Señor: "Señor, tengo miedo de que no hagamos las cosas bien". Yo sentía mucho miedo, me parecía muy difícil todo lo que enfrentaba. Y el Señor me habló clarito, y me dijo: "levántate y empieza a orar de madrugada". Esto fue muy difícil; me costó lágrimas, ya que estaba embarazada y trabajaba durísimo. El desgaste físico llegó a tal extremo, que a los siete meses de embarazo, el doctor me dijo que ya tenía contracciones, y me prohibió mover un dedo. Pero fue así, en medio de todo eso, como se levantó la oración de la madrugada. Empecé a encontrar refugio en la oración, y el Señor me empezó a mostrar los peligros que venían contra la iglesia, contra mis hijos, y contra mi matrimonio, pues el mismo, fue amenazado terriblemente; pero, en oración, pude decirle al enemigo: "¡tú no me vas a tocar mi matrimonio!". De verdad que siempre vi la misericordia de Dios en mi vida. Me criticaban, me preguntaban si estaba loca; bueno, siempre me han dicho anormal. Hoy día cojo un palo y me voy de madrugada a caminar; orando y arrebatando las bendiciones del Señor.

El Señor me empezó a equipar en la oración, cada día me enseñaba más y me hablaba con mayor claridad. Recuerdo que un día me dijo clarito: "así como yo le entregué la tierra a Adán y a Eva para señorear, yo les entrego a ustedes la iglesia El Rey Jesús para señorear, y todo lo que ustedes le permitan al enemigo, yo lo permitiré, y todo lo que ustedes me permitan a mí, yo lo haré. Sólo hay dos fuentes, Yo o el enemigo. A medida que busquen mi presencia, mi reino y mi voluntad, lo que me pidan, así será hecho; y a medida que le abran puertas al enemigo, también así será hecho". Y yo le dije al Señor: "al diablo no le vamos a permitir nada, ni una pulgada, ni una partícula le vamos a dar". También le dije: "Señor, te pido que me fortalezcas y me des fuerza para tener al diablo bajo la planta de mis pies todos los días de mi vida", y así fue que empezó el ministerio; porque no puedo hablar del mismo si, primero, no hablo de la oración, ya que la oración es la gasolina que lo levantó.

De la oración a la guerra...

En medio de tantas pruebas y aún con las luchas matrimoniales, un día me sentía muy triste, estaba muy herida; y parada frente a mi closet, le dije al Señor: "Señor, voy a recoger mi ropa y me voy con mis vestidos y mi hijo; yo no aguanto esto, es demasiado, me quiero ir a donde nunca nadie me vuelva a encontrar".

Cuando le dije al Señor: "recojo mis vestidos y me voy", el Señor me dijo: "Sí, recógelos y vete; pero eso es lo que el diablo quiere, ¡eso es lo que él quiere! Ahora, lo que yo quiero es que tú luches, que te levantes"; y de repente, cayó un poder dentro de mí, cerré esa puerta y entré en una guerra espiritual tan impresionante, que sentí como si me hubiese caído fuego. Recuerdo que había gente en mi casa; pero yo sola, encerrada en mi cuarto, empecé a desafiar a Satanás, y le dije: "¡tú no vas a robar mi matrimonio!".

Cuando el Señor me dijo: "eso es lo que él quiere, y si tú lo permites, yo no puedo hacer nada, porque yo ya te he dado todo; te di mi palabra, mi sangre, te di mi poder, te di mi nombre, te di una bomba atómica; ahora, ¿quieres usarlo o quieres dejar todo eso ahí oxidándose? Así es que tú verás, coge tus vestidos y vete; pero eso sí, ten presente que al hacerlo, estarás abortando mi plan". Entonces yo dije: "no Señor, no me voy a dejar"; y ese día le dije a Satanás: "de hoy en adelante mis uñas van a estar contra ti y mi Señor me va a ayudar". No sé cuántas horas duré peleando y gritando, pero cuando salí, todos me miraban como si me hubiera vuelto loca.

Ese día me entró una fuerza impresionante, y desde entonces, me metí de lleno a la guerra. Yo no sabía cómo hacerlo, jamás había leído un libro que no fuera la Biblia. Hoy sé que la Palabra tiene que llevar oración, obras, ayuno y un montón de ingredientes más. El Señor me mostró cómo puso a los ángeles para que trabajaran en equipo con nosotros; también, me enseñó cómo poner en movimiento la rueda de la creación; pues, nuestra lengua tiene el poder para movilizar tanto a los demonios, como a los ángeles. Una de las primeras prédicas que el Señor me dio, fue la de las prioridades de un cristiano, las cuales son: el compromiso, la perseverancia y la disciplina.

Yo decidí que el Señor fuera mi prioridad número uno, y por eso, Él me dijo que me levantara todos los días de madrugada, porque lo único que me podía sostener, era tomar todos los días de Él. El Señor me dijo: "tienes que tomar de mí para que puedas soportar lo que viene, para que puedas cuidar el hombre de Dios que está a tu lado y el ministerio que les he dado. Levántate de madrugada que yo te voy a enseñar. Yo, el Espíritu Santo, te voy a enseñar, voy a ser tu maestro, te voy a equipar para la guerra, te voy a preparar para penetrar las defensas del diablo, para ir contra él y deshacer sus planes antes que él venga en contra del ministerio". Para cada prédica de Guillermo, yo oraba durante una hora, y cuando él subía a predicar, ¡eso era tremendo!

La palabra del Señor dice que Él busca verdaderos adoradores que le adoren en espíritu y en verdad. Un adorador es uno que ora todo el tiempo; pero, para poder orar todo el tiempo, primero hay que ser un adorador; porque en medio de la adoración, llega un momento en que el Espíritu Santo toma a la persona, la lleva y la dirige.

Cuando somos esos adoradores que el Señor busca, tenemos dominio en la tierra y en los cielos. El adorador sabe lo que está pasando en el mundo espiritual, y sabe lo que está sucediendo en el mundo natural; y cuando se llega a ese punto de compenetración con el Espíritu Santo, Él nos lleva a lugares celestiales. Es ahí donde empezamos a dar órdenes, y es ahí donde el Señor dice: "dale, ordénale a los principados, a los demonios, a las potestades, a los cielos, a la tierra, al Sol, a la Luna; ordénales lo que tienen que hacer, porque estás en mi presencia".

¿Quiere pasar de la oración a la guerra? Pues, lo que necesita es compromiso, perseverancia, disciplina y llevar una una vida en santidad. Santidad no quiere decir que usted sea perfecto, sino que odie lo que Dios odia y ame lo que Dios ama.

Gracias Jesús...

Jamás me cansaré de darle gracias a mi Señor por todo lo que ha hecho en mi vida. En cada etapa que viví, hoy puedo reconocer que siempre estuvo la mano poderosa de mi Salvador, cuidándome, protegiéndome y guiándome; por eso lo amo y quiero servirlo todos los días de mi vida. De cada tropiezo que encontré en el camino, aprendí, y después, el Señor me dio la victoria, sanando cada herida, cada mal recuerdo y cada dolor.

Gracias a mi Señor, a través de la oración, gané la batalla contra el temor, la vergüenza, la falta de perdón, el rechazo; y la más grande de todas las victorias fue la de mi matrimonio y la salvación de mi familia.

Con los años, la madurez y el temor de Dios, mi esposo y yo conquistamos nuestro matrimonio; y ahora estamos pasando los momentos más lindos de nuestra vida. Cada año que pasa, nuestro matrimonio es mejor. Nos costó mucho la victoria; pero, por eso mismo es que amamos nuestro hogar, y obviamente, porque no cabe duda que éste, es un matrimonio unido por Dios.

Pude haberme quedado sentada llorando mis desdichas, y haber permitido que el enemigo destruyera mi hogar; pero, gracias a Dios, no fue así. Tuve el valor para enfrentar al enemigo y, en el nombre de Jesús, rescatar mi hogar, cumplir mi llamado, y sacar adelante a nuestros hijos y a nuestro ministerio.

Si usted se identifica conmigo, y aún tiene dentro de usted cargas de falta de perdón, recuerdos que lo tienen atado, luchas que no ha podido conquistar, aprópiese de estas palabras, de este testimonio y de cómo Dios tomó a una niña resentida e ignorante para convertirla en una mujer feliz y llena del amor de Jesús; una mujer que ahora puede ir en el nombre del Señor a restaurar a otros. Dios me convirtió de introvertida a predicadora, y si lo hizo conmigo, también lo puede hacer con usted. No es casualidad que esté leyendo este libro; aduéñese de cada palabra y levántese como un guerrero o una guerrera del ejército del Señor. Levántese y reclame las bendiciones que el Señor tiene para usted. Muchas veces será difícil, pero si usted se toma de la mano con Jesús y está dispuesto a vencer las tres guerras diarias que tenemos, que son con el mundo, con el diablo y con la carne, y deja que el Espíritu Santo lo guíe, y le entrega a Él sus debilidades, obligándose a usted mismo a crucificar su carne, entonces pronto podrá decir que pasó de la oración a la guerra; porque jamás lo hará en sus propias fuerzas sino que lo hará en las fuerzas del Señor.

¡A Él sea toda la Gloria!

"[27] ...sino que lo necio del mundo escogió Dios, para avergonzar a los sabios; y lo débil del mundo escogió Dios, para avergonzar a lo fuerte; [28]y lo vil del mundo y lo menospreciado escogió Dios, y lo que no es, para deshacer lo que es, [29]a fin de que nadie se jacte en su presencia". I Corintios 1.27-29

CAPÍTULO II

LA ARMADURA DE DIOS

Cuando yo estaba recién convertida, el diablo me hacía la vida imposible para sacarme de los caminos del Señor. En una ocasión, estando en mi cuarto, sentí que los demonios venían y me ahogaban, y aunque trataba de gritar y repetir: "en el nombre de Jesús", con el poquito conocimiento que tenía, no me soltaban, sino que me iba al piso. Hasta que en mi subconsciente y con autoridad, dije: "en el nombre y por la sangre de Jesús, el hijo de Dios", entonces los demonios me soltaron y se fueron. Después me di cuenta que el motivo por el cual no pasaba nada cuando decía: "en el nombre de Jesús", era porque tenía que poner en Él toda mi confianza y entender el verdadero poder y autoridad en su Nombre; para que esa confesión fuera realmente efectiva.

Muchos cristianos están en derrota hoy día, porque no saben lo que la palabra de Dios tiene para sus hijos. La palabra de Dios no es para tomarla religiosamente y simplemente leerla, es necesario sacarla de allí y comérsela, aplicarla y vivirla. Cuando esta palabra se hace realidad en la vida de las personas, se convierte en un arma poderosa. Es necesario vivir diariamente la palabra de Dios, usar las armas de nuestra milicia y, literalmente, vestirnos con su armadura.

> "*10Por lo demás, hermanos míos, fortaleceos en el Señor, y en el poder de su fuerza. 11Vestíos de toda la armadura de Dios, para que podáis estar firmes contra las asechanzas del diablo. 12Porque no tenemos lucha contra sangre y carne, sino contra principados, contra potestades, contra los gobernadores de las tinieblas de este siglo, contra huestes espirituales de maldad en las regiones celestes.*

> [13]Por tanto, tomad toda la armadura de Dios, para que podáis resistir en el día malo, y habiendo acabado todo, estar firmes. [14]Estad, pues, firmes, ceñidos vuestros lomos con la verdad, y vestidos con la coraza de justicia, [15]y calzados los pies con el apresto del evangelio de la paz. [16]Sobre todo, tomad el escudo de la fe, conque podáis apagar todos los dardos de fuego del maligno. [17]Y tomad el yelmo de la salvación, y la espada del Espíritu, que es la palabra de Dios; [18]orando en todo tiempo con toda oración y súplica en el Espíritu, y velando en ello con toda perseverancia y súplica por todos los santos; [19]y por mí, a fin de que al abrir mi boca me sea dada palabra para dar a conocer con denuedo el misterio del evangelio...". Efesios 6.10-19

Cuando aplicamos este versículo a nuestra vida, vemos que Pablo nos proyecta la imagen de un soldado romano, y nos transmite la idea de estar envueltos en una lucha sin tregua. La palabra de Dios nos exige que nos pongamos la armadura y que la usemos con una actitud de humildad ante el Señor.

El cuerpo de Cristo necesita empezar a tener comunión con Dios y a desarrollar confianza en su armadura, para tomarla real y literalmente; no de una forma religiosa, sino sabiendo que tenemos un Cristo viviente, apropiándonos de la realidad de que somos cristianos y que somos pequeños ungidos. Jesús es el gran ungido, pero usted y yo somos pequeños ungidos, y debemos adueñarnos de esa verdad. Ya no somos huesos muertos y secos caminando por ahí, sino que tenemos la vida de Dios; y nuestro deber es creerlo y tomar su autoridad. Somos el cuerpo de Jesucristo, que está acá en la tierra, encargados de confundir las fuerzas del mal. ¡Tenemos un tanque de guerra! Debemos conocer nuestra posición en Cristo y los asaltos de Satanás contra los creyentes para poder actuar estratégicamente. Muchos creyentes se conforman con decir que ya Cristo lo hizo todo en la cruz del Calvario; pero esto es un eterno presente que hay que confesar diariamente, actuando a la defensiva y en contra del enemigo, pues Jesús fue muy claro cuando dijo:

"17Y estas señales seguirán a los que creen: En mi nombre echarán fuera demonios; hablarán nuevas lenguas; 18tomarán en las manos serpientes, y si bebieren cosa mortífera, no les hará daño; sobre los enfermos pondrán sus manos, y sanarán".
Marcos 16.17,18

Si creemos, entonces las señales nos seguirán. Esta palabra es para nosotros y es para hoy. Es necesario que el cuerpo de Cristo despierte, se meta en el territorio del enemigo y comience a pelear por lo que le pertenece; pues nosotros somos más que victoriosos en Cristo Jesús.

Hay que ir adelante, porque el Señor nos va a pedir cuentas si no oramos por nuestra familia, si dejamos que el enemigo nos robe el botín o si no realizamos Su plan y Su propósito en nuestra vida. Es necesario tomar la decisión de colocarnos la armadura de Dios y leer Su Palabra, que es nuestra espada; y entonces, con toda autoridad ir y recordarle al diablo la palabra de Dios que dice: "El espíritu de Jehová está sobre mí, por lo tanto, vas a soltar a mi familia, vas a soltar lo que es mío, ¡¡ya basta!!!"; "tú no vas a venir a robar a mis hijos, tú no vas a robar mi hogar, tú no vas a minar mis finanzas, tú no vas a robar mi ministerio...".

Aprópiese de la Palabra y pelee por lo que Dios tiene para usted. Póngase agresivo con el diablo en el nombre de Jesús. Yo tuve que hacerlo en un momento de mi vida porque eran demasiados los ataques; así que, me encerré en mi cuarto y le dije: "mírame bien diablo, porque vas a soltar mi ministerio", y empecé a pelear en el nombre de Jesús, cara a cara y cuerpo a cuerpo; me apropié de la palabra de Dios que dice:

"32Dios es el que me ciñe de poder, y quien hace perfecto mi camino; 33quien hace mis pies como de ciervas, y me hace estar firme sobre mis alturas; 34Quien adiestra mis manos para la batalla, para entesar con mis brazos el arco de bronce. 35Me diste asimismo el escudo de tu salvación; tu diestra me sustentó, y tu benignidad me ha engrandecido.

36Ensanchaste mis pasos debajo de mí, y mis pies no han resbalado. 37Perseguí a mis enemigos, y los alcancé, y no volví hasta acabarlos. 38Los herí de modo que no se levantasen; cayeron debajo de mis pies". Salmo 18.32-38

Yo le pido a usted que tome este Salmo como una realidad en su vida porque es real, Dios adiestra nuestras manos para la batalla. Mis manos y las suyas son adiestradas para arrancar y deshacer los planes del maligno; para que pongamos al diablo de alfombra y esté bajo nuestros pies. Lamentablemente, hoy día, hay muchos que no se han apropiado de las verdades y promesas de la palabra de Dios, y por eso, son ellos los que están de alfombras del diablo.

Amigo lector, la decisión es suya. ¿Qué está haciendo con lo que Dios le ha prometido? Tiene que ir a la ofensiva y decirse a usted mismo: "lo que Dios me mandó a hacer, lo voy a hacer", y tomar la autoridad para decirle al diablo: "tienes que soltar mi ministerio, voy a predicar la palabra de Dios porque mi Señor adiestra mis manos para la batalla, adiestra mis manos para arrancar el cáncer, para arrancar la pobreza, para arrancar a mis hijos de las manos del maligno y para destruir todos tus planes". Dios no llamó al pueblo a estar en miseria y pobreza, Dios llamó al pueblo a estar en victoria. Viene su victoria, pero no tema, no tema; tiene que ser diligente y esperar la oportunidad para florecer, temprano en la mañana.

"11La palabra de Jehová vino a mí, diciendo: ¿Qué ves tú, Jeremías? Y dije: Veo una vara de almendro. 12Y me dijo Jehová: Bien has visto; porque yo apresuro mi palabra para ponerla por obra. 13Vino a mí la palabra de Jehová por segunda vez, diciendo: ¿Qué ves tú? Y dije: Veo una olla que hierve; y su faz está hacia el norte. 14Me dijo Jehová: Del norte se soltará el mal sobre todos los moradores de esta tierra. 15Porque he aquí que yo convoco a todas las familias de los reinos del norte, dice Jehová; y vendrán, y pondrá cada uno su campamento a la entrada de las puertas de Jerusalén, y junto a todos

sus muros en derredor, y contra todas las ciudades de Judá. ¹⁶Y a causa de toda su maldad, proferiré mis juicios contra los que me dejaron, e incensaron a dioses extraños, y la obra de sus manos adoraron. **¹⁷Tú, pues, ciñe tus lomos, levántate, y háblales todo cuanto te mande; no temas delante de ellos, para que no te haga yo quebrantar delante de ellos.** *¹⁸Porque he aquí que yo te he puesto en este día como ciudad fortificada, como columna de hierro, y como muro de bronce contra toda esta tierra, contra los reyes de Judá, sus príncipes, sus sacerdotes, y el pueblo de la tierra. ¹⁹Y pelearán contra ti, pero no te vencerán; porque yo estoy contigo, dice Jehová, para librarte".*
Jeremías 1.11-19

"Pero no tema", así como el Señor le dijo a Jeremías no tema, usted no puede dar lugar al espíritu de temor cuando se esté apropiando de la palabra de Dios. Cuando la hable y la establezca en su vida, debe estar firme. El **"estar firme"**, marca una actitud agresiva contra el contrincante, o contra el enemigo. Usted no sabe lo que él está haciendo en contra suyo, pero sí puede detener y destruir sus planes antes de que éstos le alcancen. Recuerde que usted no puede seguir siendo alfombra del diablo; sino que, es usted quien lo debe poner a él de alfombra. Tome su lugar como hijo e hija de Dios, no se deje amedrentar más por el enemigo. Use sus armas y enfile sus cañones en contra del maligno, porque la victoria es suya; ¡la victoria es suya en el nombre de Jesús!, créalo. ¡La victoria es suya!

Esto es un combate cuerpo a cuerpo. El pueblo de Israel, en el Antiguo Testamento, constantemente estaba en batalla, y Jehová de los ejércitos iba delante de ellos. Si usted pone su mano en el mundo espiritual y se apropia de lo que Jesús hizo, dígale al Señor: "yo me atrevo a creer en tu palabra y por fe voy a abrazar lo que es mío". Si así lo hace, usted verá cómo su vida, su familia y todo a su alrededor empezará a brillar y a cambiar; gracias a que usted decidió apropiarse de las promesas que ya Dios le había dado. Si está dispuesto a tomar la decisión de entrar en guerra para conquistar, es necesario que esté firme y resista.

La palabra **resistir** tiene que ver con mantener guardado, cuidado un terreno; porque el enemigo anda como león rugiente a ver si puede invadirlo. A lo mejor, le está minando su territorio y usted no se está dando cuenta; por esto, es que hay que mantener una actitud agresiva e invadir primero. ¡No permita que él invada el suyo! Por ejemplo, las peleas y los celos con su cónyuge no le llevan a ninguna parte. Así que, doble rodillas y vaya usted solo (a), en comunión con Dios y pelee. Arránquelo del mundo y del diablo, tome confianza en la armadura de Dios y en el nombre de Jesús. No se deje quitar lo suyo, porque su lucha no es con su esposo o su esposa, o con la secretaria o el vecino. Pare de echarle la culpa a otros, métase en el mundo espiritual y ataque con las armas de su milicia y su espada, que es la palabra de Dios, a su verdadero enemigo, a aquel que vino a robar, matar y a destruir; ataque a su verdadero enemigo con toda autoridad. Recuerde que a eso vino el hijo de Dios al mundo, a destruir las obras del diablo.

No permita que el enemigo le quite lo que le pertenece, lo que Dios le ha entregado; siga sembrando, siga confiando. Recuerde que "por la fe y la paciencia, se heredan las promesas". Dios le entregó las armas para obtener la victoria; ahora pelee y no deje que el enemigo mine su territorio.

> "*⁴Mas vosotros, hermanos, no estáis en tinieblas, para que aquel día os sorprenda como ladrón. ⁵Porque todos vosotros sois hijos de luz e hijos del día; no somos de la noche ni de las tinieblas. ⁶Por tanto, no durmamos como los demás, sino **velemos y seamos sobrios**. ⁷Pues los que duermen, de noche duermen, y los que se embriagan, de noche se embriagan. ⁸Pero nosotros, que somos del día, seamos sobrios, habiéndonos vestido con la coraza de fe y de amor, y con la esperanza de salvación como yelmo. ⁹Porque no nos ha puesto Dios para ira, sino para alcanzar salvación por medio de nuestro Señor Jesucristo, ¹⁰quien murió por nosotros para que ya sea que velemos, o que durmamos, vivamos juntamente con él. ¹¹Por lo cual, animaos*

unos a otros, y edificaos unos a otros, así como lo hacéis". I Tesalonicenses 5.4-11

Si usted está en el día, tiene que ver lo que está pasando en el día: *"lumbrera a mi camino es Su Palabra".* No somos hijos de la noche, sino hijos de la paz, y esto requiere vestirnos con la coraza de la fe y del amor.

> *"⁴El amor es sufrido, es benigno; el amor no tiene envidia, el amor no es jactancioso, no se envanece; ⁵no hace nada indebido, no busca lo suyo, no se irrita, no guarda rencor; ⁶no se goza de la injusticia, mas se goza de la verdad. ⁷Todo lo sufre, todo lo cree, todo lo espera, todo lo soporta. ⁸El amor nunca deja de ser...". I Corintios 13.4-8*

Este versículo del amor es muy importante, porque debemos recordar, una vez más, que nuestra lucha no es contra nuestros hermanos, sino contra el enemigo. Cuando hablamos del amor y de todo lo que significa andar en amor, nos damos cuenta de lo triste que es ver a cristianos teniendo envidia del reconocimiento o del ministerio de otra persona. El amor no es jactancioso, no se envanece, por lo tanto, debemos dejar que sea nuestro Padre Celestial quien nos reconozca y no esperar el reconocimiento del hombre. Cuando esperamos esto, generalmente nos decepcionamos, y es algo que usa Dios para medir las verdaderas intenciones de nuestro corazón; o sea, si es para Él que realizamos nuestro trabajo, o para agradar a un hombre. Cuando no sabemos superar esta desilusión, nos hacemos presa fácil del enemigo para apartarnos del camino.

Los hijos de Dios debemos aprender a entendernos los unos a los otros; es decir, ponernos en la posición de la otra persona (hacer como si estuviéramos en su situación), en vez de estar criticando. No podemos olvidar que somos el pueblo de Dios, los que tenemos el aceite de la unción para ir a restaurar y sanar al herido. Debemos ser escuderos los unos de los otros y recordar que nuestra lucha no es contra sangre ni carne; por eso hablamos del diablo, porque tenemos que descubrir al enemigo, y si no lo identificamos, ¿cómo vamos a vencerlo?, hay que descubrirlo y enfilar nuestros cañones contra él y no contra nuestros semejantes; ya que entre nosotros, debemos vivir en amor, revestirnos de la fe y tomar la armadura con confianza y autoridad si queremos que suceda lo que proclamamos. Sin estos requisitos, la armadura no va a funcionar, debido a que si usted está luchando por algo y se desanima, entra el "espíritu saduceo" y lo vence; por eso, debe estar firme y mantener una actitud agresiva, porque si usted se relaja, el enemigo le empuja para atrás y no sólo pierde lo que había logrado sino también lo que ya tenía. Cuando el enemigo lo coge desanimado, acaba con usted y con todo lo suyo. ¡No se quede ahí postrado, levántese en el nombre de Jesús!

Ya hemos hablado de los ingredientes que se necesitan para que la armadura sea efectiva; ahora vamos a mencionar cada una de sus piezas.

- *El cinto de la verdad*
- *La coraza de la justicia*
- *El apresto del evangelio de la paz*
- *El escudo de la fe*
- *El yelmo de la salvación*
- *La espada del Espíritu*

Al meditar sobre esto, comprenderá que, al ponerse las seis partes de la armadura, estará cubierto desde la cabeza hasta los pies. Todos los días nos debemos poner la armadura y desarrollar confianza en ella.

Gústenos o no, es la palabra de Dios y hay que obedecerla. Debemos poner estos principios en práctica, y de esta manera, Dios va a hacer que, cuando hablemos su Palabra, seamos un peligro para el enemigo.

Otra arma poderosa es la oración

No podemos quedarnos con las manos cruzadas viendo cómo el enemigo acaba con lo nuestro. Es nuestro deber hacer todo lo que sea necesario para recuperar lo que nos ha sido robado;

y la oración es efectiva para lograrlo. Por eso, tenemos que orar para que la unidad de los pastores se lleve a cabo. Tenemos que orar por nuestros países, porque ¿cómo van a cambiar, si no llamamos las bendiciones que ya están en el mundo espiritual, al mundo físico en el nombre de Jesús?

Si le ocurrió lo mismo que a mí, que vino de su país a una "tierra que fluye leche y miel", eso no quiere decir que se puede olvidar de su patria. Hay que tomar el ejemplo de Déborah, que defendió al pueblo de Israel; y así como ella, yo voy a defender a mi país Colombia. Y si usted toma la decisión de pararse en la brecha por su patria, en el nombre de Jesús, el diablo va a tener que retroceder. Déborah peleó y el Señor le entregó a sus enemigos en las manos.

Como pueblo de Dios, debemos decir: "diablo ¡basta!!; en el nombre de Jesús, suelta a Miami, suelta mi patria, suelta mi barrio, suelta mi familia. Los vas a tener que soltar en el nombre de Jesús, lo proclamo y lo profetizo". Tiene que lograr que el diablo se ponga nervioso a causa de su oración, *"⁷Porque no nos ha dado Dios espíritu de cobardía, sino de poder, de amor y de dominio propio". 2 Timoteo 1.7*

Veamos lo que sucede cuando el pueblo de Dios se une en un mismo sentir y con un mismo propósito:

"²⁰Y Herodes estaba enojado contra los de Tiro y de Sidón; pero ellos vinieron de acuerdo ante él, y sobornado Blasto, que era camarero mayor del rey, pedían paz, porque su territorio era abastecido por el del rey. ²¹Y un día señalado, Herodes, vestido de ropas reales, se sentó en el tribunal y les arengó. ²²Y el pueblo aclamaba gritando: ¡Voz de Dios, y no de hombre! ²³Al momento un ángel del Señor le hirió, por cuanto no dio la gloria a Dios; y expiró comido de gusanos. ²⁴Pero la palabra del Señor crecía y se multiplicaba". Hechos 12.20-24

Acá vemos lo que le pasó a Herodes, a causa de las oraciones de la iglesia, cuando éste perseguía a los cristianos. Esto es para que sepamos que cuando nosotros oramos, el Padre manda a los ángeles para que se muevan a la voz del precepto de la Palabra; pero, ¿cuántos hermanos no lo saben? Si usted no conoce la autoridad que tiene, lea la Escritura para que vea lo que Dios le ha entregado. Su oración, como pueblo de Dios, va a funcionar en esta ciudad de Miami o dondequiera que usted se encuentre; pues la oración penetra en los lugares celestiales y el Señor envía ángeles a que ejecuten las obras.

Ésos son los resultados de un pueblo que ora y gime delante de la presencia de Dios. La oración sube delante de su trono cuando clamamos por las naciones, porque nuestro Padre ha prometido que nos dará las naciones por herencia. No importa los principados ni gobernadores que haya allí, los vamos a derrotar en el nombre de Jesús, el hijo de Dios.

Otro aspecto muy importante es que no le puede dar lugar al miedo al momento de orar. Use los recursos que tiene para pelear lo que es suyo y no se quede atrás. Párese firme en el nombre de Jesús y reclame lo que le pertenece; ¡deje de quejarse! Use la armadura de Dios y las armas de su milicia, y verá el resultado que da el ponerse el armamento de Dios sin dudar, como lo hizo Jesús. Recuerde que "Jesús es el camino", y debemos seguir sus huellas. Camine con sus ojos puestos en el autor y consumador de la fe, y dígale al Señor: "heme aquí, yo voy; voy a mi barrio, voy a mi familia". Él está buscando hombres y mujeres como usted, para que vayan en su Nombre y pongan por obra su palabra y el poder del Nombre que está sobre todo nombre, el nombre de Jesús de Nazaret, el hijo de Dios.

¡Empiece por algo! Empiece a orar por el siervo de Dios, para que cuando Él vaya a las naciones, el terreno ya esté preparado. Así como en lo natural se abona la tierra, así mismo, en el mundo espiritual, debemos abonar el terreno para la siembra que hará el siervo de Dios.

> *"¹El Espíritu de Jehová el Señor está sobre mí, porque me ungió Jehová; me ha enviado a predicar buenas nuevas a los abatidos, a vendar a los quebrantados de corazón, a publicar libertad a los cautivos, y a los presos apertura de la cárcel; ²a proclamar el año de la buena voluntad de Jehová, y el día de venganza del Dios nuestro; a consolar a todos los enlutados; ³a ordenar que a los afligidos de Sion se les dé gloria en lugar de ceniza, óleo de gozo en lugar de luto, manto de alegría en lugar del espíritu angustiado; y serán llamados árboles de justicia, plantío de Jehová, para gloria suya. ⁴Reedificarán las ruinas antiguas, y levantarán los asolamientos primeros, y restaurarán las ciudades arruinadas, los escombros de muchas generaciones. ⁵Y extranjeros apacentarán vuestras ovejas, y los extraños serán vuestros labradores y vuestros viñadores. ⁶Y vosotros seréis llamados sacerdotes de Jehová, ministros de nuestro Dios seréis llamados; comeréis las riquezas de las naciones, y con su gloria seréis sublimes".* Isaías 61.1-7

Aprópiese de estas palabras; son para usted y para mí. Use la armadura de Dios y vaya a restaurar a los abatidos y a plantar árboles de justicia en el nombre de Jesús.

CAPÍTULO III

EL PODER DE
LA PALABRA

Dios habló la palabra, y por el poder de su palabra fuimos creados. Por eso, es necesario que cada creyente, cada hijo e hija de Dios, se apropie del poder que tiene la Escritura cuando la declara. Nosotros podemos hablar una "palabra creativa", y hacer que se manifieste lo sobrenatural de Dios en nosotros. Los hijos de Dios tenemos el poder de traer maldición o bendición, levantar o derribar nuestras vidas y las de aquellos que nos rodean, y también, cancelar todo aquello que se levanta en contra de la voluntad de Dios en nosotros. Cuando nuestras palabras se alinean conforme a la palabra de Dios y llevan el poder del Espíritu Santo, podemos estar seguros que al ordenarle a un monte que se quite y se eche a la mar, en el nombre de Jesús, será hecho.

> *"²¹Respondiendo Jesús, les dijo: Tened fe en Dios. Porque de cierto os digo que cualquiera que dijere a este monte: Quítate y échate en el mar, y no dudare en su corazón, sino que creyere que será hecho lo que dice, lo que diga le será hecho".*
> *Mateo 21.21*

Jesús es claro en este versículo al decir que si tenemos fe, lo que digamos, será hecho; Él no dijo: "empuja el monte", sino "háblale al monte". Cuántas veces teniendo el poder de la "palabra creativa" a nuestra disposición, en vez de hablarla, empezamos a empujar el "monte" con nuestras propias fuerzas; por ejemplo, al llevarle la contraria a nuestro esposo o esposa, al deprimirnos ante las situaciones difíciles y al olvidar que sólo con abrir nuestra boca con fe, podemos crear y atraer las bendiciones del cielo a nuestra vida.

Cuando usted dice "no puedo", es porque está tratando de resolver el problema en sus propias fuerzas; pero cuando se humilla y reconoce que es el Espíritu de Dios el que hace la obra por medio de nosotros, entonces se dará cuenta que sí puede realizar todo lo que se ha propuesto. Es decir, si usted reconoce que al entregar su carga a Dios y al usar su boca correctamente será bendecido, entonces podrá recibir lo que espera; sin embargo, si confiesa que no puede, automáticamente se convierte en un instrumento del enemigo y trae maldición a su propia vida. Usted es el producto de lo que habla continuamente.

Es lamentable ver hombres y mujeres de Dios confesando negativo continuamente. Eso sucede porque no se han impregnado de la palabra de Dios, y por consiguiente, no pueden aplicarla ni plantarla en su vida. Para que usted pueda usar el poder de la palabra de Dios de una forma creativa, es necesario que la crea y empiece a establecerla; para que así, se haga rema en su corazón y en su espíritu.

> *"[21]La muerte y la vida están en poder de la lengua; y el que la ama comerá de su fruto".*
> Proverbios 18.21

El Señor nos creó con libre albedrío, y por lo tanto, queda de nuestra parte decidir si vamos a hablar bendición o maldición. ¡Somos producto de lo que hablamos todos los días de nuestra vida!

Pregúntese ¿qué es lo que usted más ama en este momento?, ¿qué es lo que constantemente usted se repite a sí mismo? No le parece familiar esto: **"no puedo"**, **"no tengo trabajo, estoy derrotado…"**. Pues déjeme decirle que yo estuve 13 años en este país, sin documentos y sin inglés y aún así, le doy gracias a Dios porque ni un sólo día me faltó el trabajo. Por eso hoy, con toda autoridad, puedo decir que no hay excusa. La frase "no puedo" debe ser eliminada del vocabulario de alguien que cree que Dios es Todopoderoso; pues el significado de esta palabra nos da a entender que Él todo lo puede, y que usted, tomado de Su mano, también.

Cuando mi esposo y yo comenzábamos el ministerio, vino un siervo de Dios que me dijo: "coloca tus manos en esto y apoya esta visión"; con esto entendimos que debíamos continuar pagando el programa de radio con mi cheque. Todos los días me repetía: "yo sí puedo, Padre; gracias porque me vas a bende-cir, no lo dudo".

Creí en mi Padre y me entregué por completo a esta visión. Por eso, cuando usted quiera algo, gánese el dinero trabajando y el Señor le irá dando y bendiciendo paulatinamente. No se quede ahí sentado quejándose de su situación; si es un trabajo lo que está necesitando, salga y aplique, y cada vez que entre a un lugar, déle gracias a Dios por ese trabajo que ya viene, con el que usted será bendecido y bendecirá a otros. Si su problema es su hogar, su esposo, su esposa o sus hijos, deje de quejarse y de hablar mal de ellos y empiece a usar el poder de su palabra para que haya un cambio en su familia. Ore, ayune, implore a su Padre, y grítele al diablo que él no tiene poder ni autoridad sobre su familia; porque usted es un hijo, una hija de Dios, y en su palabra está el poder y la unción del Espíritu Santo de Dios para derribar fortalezas.

Desde el día que nací de nuevo, el Señor me ha estado llevando de victoria en victoria. Luché durante cinco años con una situa-ción económica muy difícil, pero empecé a confesar la palabra de Dios, sembré para el Reino y me mantuve en curso hasta que llegó el momento en que el día fue perfecto.

Dios creó los peces del mar por la palabra; Dios habló la pala-bra e, inmediatamente, las cosas fueron hechas. Las palabras son el puente entre el mundo espiritual y el mundo terrenal. Aprópiese de esta verdad y crea, crea y siga creyendo en las bendiciones de Dios para su vida; crea para obtener la sanidad de su cuerpo, la felicidad de su hogar, sus finanzas, su ministerio. Crea que, en su palabra, hay poder y autoridad delegados por nuestro Padre Celestial para hacer cosas grandes. Aprópiese de las bendiciones de Deuteronomio 28, y haga de esas palabras una realidad diaria en su vida.

"[1] Acontecerá que si oyeres atentamente la voz de Jehová tu Dios, para guardar y poner por obra todos sus mandamientos que yo te prescribo hoy, también Jehová tu Dios te exaltará sobre todas las naciones de la tierra. [2] Y vendrán sobre ti todas estas bendiciones, y te alcanzarán, si oyeres la voz de Jehová tu Dios. [3] Bendito serás tú en la ciudad, y bendito tú en el campo. [4] Bendito el fruto de tu vientre, el fruto de tu tierra, el fruto de tus bestias, la cría de tus vacas y los rebaños de tus ovejas. [5] Benditas serán tu canasta y tu artesa de amasar. [6] Bendito serás en tu entrar, y bendito en tu salir. [7] Jehová derrotará a tus enemigos que se levantaren contra ti; por un camino saldrán contra ti, y por siete caminos huirán de delante de ti. [8] Jehová te enviará su bendición sobre tus graneros, y sobre todo aquello en que pusieres tu mano; y te bendecirá en la tierra que Jehová tu Dios te da. [9] Te confirmará Jehová por pueblo santo suyo, como te lo ha jurado, cuando guardares los mandamientos de Jehová tu Dios, y anduvieres en sus caminos. [10] Y verán todos los pueblos de la tierra que el nombre de Jehová es invocado sobre ti, y te temerán. [11] Y te hará Jehová sobreabundar en bienes, en el fruto de tu vientre, en el fruto de tu bestia, y en el fruto de tu tierra, en el país que Jehová juró a tus padres que te había de dar. [12] Te abrirá Jehová su buen tesoro, el cielo, para enviar la lluvia a tu tierra en su tiempo, y para bendecir toda obra de tus manos. Y prestarás a muchas naciones, y tú no pedirás prestado. [13] Te pondrá Jehová por cabeza, y no por cola; y estarás encima solamente, y no estarás debajo, si obedecieres los mandamientos de Jehová tu Dios, que yo te ordeno hoy, para que los guardes y cumplas, [14] y si no te apartares de todas las palabras que yo te mando hoy, ni a diestra ni a siniestra, para ir tras dioses ajenos y servirles".
Deuteronomio 28.1-14

Así como Dios habló y fue hecha la creación, de igual manera, hay que traer las bendiciones del mundo espiritual al mundo físico. Como hijos de Dios, debemos tomar Su Palabra, atesorarla en el corazón y ponerla en práctica; así podremos ver cómo lloverán las bendiciones en cada área de nuestra vida, hasta que sobreabunde.

La palabra tiene poder, no la palabra positiva de la que el mundo habla, sino la **palabra de Dios por medio de la cual se puede crear.** Hoy es el día en el que usted puede cambiar los patrones de conducta que lo han mantenido en miseria y en derrota. Hoy usted puede tomar la decisión de cambiar sus palabras, de eliminar el "no puedo" y cambiarlo por lo que dice la palabra de Dios sobre usted. Si se apropia de todo lo que dice, créame que siempre, siempre será la "cabeza y no la cola", "será bendito (a) en su entrada y en su salida", "lo que sus manos toquen, prosperará, y lo que la planta de sus pies toquen, poseerá".

En el nombre de Jesús, establezco que si usted se apropia de lo dicho en este capítulo, usted nunca más será la misma persona de ayer, y estará preparándose para encabezar las filas del ejército de Jesucristo.

CAPÍTULO IV

RESTAURANDO LA AUTORIDAD DELEGADA POR DIOS

Dios creó al hombre para que representara la autoridad misma de Dios. Cuando las mujeres vemos a un hombre, estamos viendo a un ser hecho a la imagen y semejanza de Dios. Sin embargo, muchas venimos de lugares donde nuestras autoridades, que son la representación misma de Dios, nos maltrataron e hicieron daño. Esto ha ocasionado que muchas mujeres se pregunten: ¿cómo respetar a mi autoridad si me hizo tanto daño? En este capítulo, vamos a estudiar cuál es el lugar de la mujer, y cómo vamos a hacer para que nuestros hombres ocupen el lugar que les corresponde, tanto en la Iglesia como en el hogar.

La autoridad y el señorío caído

A veces, es difícil para la mujer restaurar el sacerdocio espiritual del hombre; porque cuando mira hacia atrás, hay dolor en la niñez, en la adolescencia y hasta en el matrimonio, debido a que hubo maltrato por parte de la autoridad. Entonces, cuando llegamos a Cristo decimos: ¿Cómo podemos respetar a nuestra autoridad? ¿Cómo haremos para ubicarnos donde Dios nos quiere, si esas personas que representan la autoridad de Dios nos hicieron daño? Lamentablemente, en el hogar no se enseña mucho acerca del respeto a la autoridad; entonces, cuando venimos a la Iglesia, queremos imitar los mismos patrones de conducta resistiendo la autoridad todo el tiempo. Pero en estos tiempos, eso tiene que cambiar; porque cuando vienen los problemas a los hogares, vemos que no hay hombres que sepan tomar su responsabilidad; pues la mayoría no sabe cómo confrontar los problemas. Un ejemplo de esto podría ser, cuando el hijo o la hija necesita de su papá, y por falta de tiempo, él no está allí para afirmarlo, o simplemente para suplir la necesidad de ese momento. Yo le decía al Señor: "la iglesia tiene que cambiar". La mayoría de las personas que atiendo en mi oficina para ministrarles sanidad interior, van con expresiones, tales como: "me dejó por otra", "llegaron los problemas y no pude soportarlos", "me separé por causa de lo que veía en la computadora". En vez de enfrentar los problemas y tratar de solucionarlos, se van tras el diablo y los demonios. ¡Esto tiene que cambiar! La actitud correcta debería ser: "voy a seguir tras mi Señor, tras mi creador, mi Dios, y voy a tomar esa autoridad y ese sacerdocio que Dios me ha dado para destruir las obras del diablo". ¿Por qué a veces es tan difícil tomar el camino que Dios nos ha puesto para seguir? Es necesario decirle al Señor que nos rompa, que nos haga de nuevo, y que nos ayude como mujeres, como madres y como hijas a restaurar esa autoridad, porque el Señor lo hizo de esa manera.

> "27Entonces dijo Dios: Hagamos al hombre a nuestra imagen, conforme a nuestra semejanza; y señoree en los peces del mar, en las aves de los cielos, en las bestias, en toda la tierra, y en todo animal que se arrastra sobre la tierra". Génesis 1.27

Aquí vemos cómo Dios dijo: "hagamos al hombre a nuestra imagen, conforme a nuestra semejanza". En ese momento, estaba presente el Padre, el Hijo y el Espíritu Santo. Y Dios dijo: "pongámoslo como señor de la creación, y entonces él va a señorear, él va a ser la autoridad, él va a ser señor". Pero luego, entró la maldición por Adán, la maldición de desobediencia. Si continuamos leyendo el libro de Génesis, podemos encontrar la palabra del Señor que dice así:

> "8Y oyeron la voz de Jehová Dios que se paseaba en el huerto, al aire del día; y el hombre y su mujer se escondieron de la presencia de Jehová Dios entre los árboles del huerto. 9Mas Jehová Dios llamó al hombre, y le dijo: ¿Dónde estás tú?" Génesis 3.8, 9

¿Dónde estás tú?

Hoy día, el Señor le está preguntando a usted, padre: ¿dónde está? Es la misma pregunta que el Señor le hizo a Adán y que le está haciendo a usted en este preciso momento: ¿dónde está cuando su mujer pasa por situaciones difíciles en la vida y lo necesita a su lado?

Hay un gemir en las familias de hijos clamando por la presencia de un padre en el hogar; hijos que han sido maltratados, violados y abusados, diciendo: "¿dónde está mi papá? ¿Dónde estuviste, papá, cuando atravesaba por los momentos más difíciles de mi niñez y mi adolescencia? ¿Qué pudo llamar más tu atención que estar al lado de mamá cuando estuvo embarazada? ¿Acaso te enteraste de todo lo que mamá tuvo que trabajar para mantenerme y las veces que el jefe le faltó al respeto? ¿Era necesario eso, papá?

Por eso es que hoy tenemos lo que tenemos. Hogares destruidos y madres solteras. **¿Dónde está el hombre que yo hice?**, dice el Señor en este día.

Lo mismo que el Señor le preguntó a Adán, se lo pregunta a los hombres de hoy: "¿dónde estás tú?" Si Adán se hubiera parado firme y hubiera dicho: "¿dónde estás, Eva?" en el momento que ella estaba siendo tentada, no estaría sobre nosotros la maldición de la desobediencia. Pero, ¿dónde estaba Adán? ¿Por qué no defendió a la mujer que Dios le dio, que la sacó del lado de su corazón para que la protegiera y la cuidara? Si él hubiera dicho: "demonio, a mi mujer no la tocas, te reprendo y te echo fuera. A mi mujer no la tocas, porque Dios me ha puesto para protegerla y cuidarla", Adán hubiera cumplido con lo que Dios le mandó a hacer como protector, como cabeza, como esposo, como proveedor y como nutridor emocional. ¡Ojalá que estas simples palabras derritan su corazón en esta hora!

Yo tengo la bendición de que Dios me haya concedido tener un hombre que, cuando lo necesito, ahí está para mí. Pero qué de aquellas mujeres que están allí solas con toda la carga, y se preguntan: ¿dónde estás tú? Eso fue lo que Dios le preguntó a Adán, y hoy día Dios le pregunta a usted: "hombre, cuando se necesita de su autoridad, ¿dónde está ud?" Cuando en la casa hay cuentas que pagar, ¿dónde está ud? Recuerde, usted es el sacerdote y la cabeza del hogar; el proveedor y el que maneja la chequera, o sea, el responsable de las cuentas que llegan a la casa. Tome su posición, y reciba esa bendición tan maravillosa que Dios le ha dado. Estamos confiados en que el Señor va a hacer algo con el sacerdocio de Su Iglesia, por medio de la confrontación de su autoridad; para que esos hijos, que están clamando desde lo más profundo de su ser por un padre, puedan contar con uno, gracias al orden establecido por Dios; y que esos hombres puedan decir: "sí Señor, aquí estoy".

De la misma manera que Dios es el origen de la autoridad, también establece un orden en todas las áreas. Dios delega esa autoridad de diferentes formas, y la primera que establece es la autoridad en la familia.

> "*3 Pero quiero que sepáis que Cristo es la cabeza de todo varón, y el varón es la cabeza de la mujer, y Dios la cabeza de Cristo". I Corintios 11.3*

Esta Palabra escrita da vigor a nuestros huesos, y nos da fortaleza y sabiduría para ubicarnos en donde Dios nos quiere; para ser un pueblo diferente, "nación santa, real sacerdocio, pueblo santo escogido por Dios". Por esto, hay algo que deseo recordarle: la mujer está sujeta al esposo, el hombre está sujeto a Cristo, y Cristo, a Dios. Entonces, de acuerdo a esto, vemos que la primera autoridad que está puesta en nuestra casa es el hombre, luego la esposa y finalmente, los hijos. Así mismo, hay un orden de autoridad establecido en la Iglesia de Cristo; primero están los pastores, luego los ministros, los ancianos y los diáconos respectivamente.

Autoridad puesta por Dios

> "*2 De modo que quien se opone a la autoridad, a lo establecido por Dios resiste; y los que resisten, acarrean condenación para sí mismos". Romanos 13.2*

No hay ningún gobierno en la tierra que Dios no haya permitido llegar al poder; Él ha otorgado el cargo a las autoridades, ya sea al presidente, al alcalde o al policía. Por tanto, es muy importante conocer acerca del orden de la autoridad para respetarla como es debido, ya que los que se niegan a obedecer las leyes, recibirán su castigo.

Dios estableció los rangos de autoridad que necesitamos en la casa, en la Iglesia y en el gobierno; por tal motivo, si resistimos a lo establecido por Dios, como lo es el sacerdocio y las demás autoridades, podemos sufrir consecuencias nefastas. En la Palabra, vemos muchos ejemplos de lo que le sucedió a personas cuando se rebelaron contra la autoridad o contra el sacerdocio puesto por Dios. Algunas de esas personas fueron: María, Aarón, Saúl, los hijos de Aarón, y muchos otros que recibieron maldición a causa de su desobediencia e irreverencia a la autoridad establecida por Dios. Veamos el ejemplo de María y Aarón en el libro de Números 12.1-10.

"*¹María y Aarón hablaron contra Moisés a causa de la mujer cusita que había tomado; porque él había tomado mujer cusita. ²Y dijeron: ¿Solamente por Moisés ha hablado Jehová? ¿No ha hablado también por nosotros? Y lo oyó Jehová. ³Y aquel varón Moisés era muy manso, más que todos los hombres que había sobre la tierra. ⁴Luego dijo Jehová a Moisés, a Aarón y a María: Salid vosotros tres al tabernáculo de reunión. Y salieron ellos tres. ⁵Entonces Jehová descendió en la columna de la nube, y se puso a la puerta del tabernáculo, y llamó a Aarón y a María; y salieron ambos. ⁶Y él les dijo: Oíd ahora mis palabras. Cuando haya entre vosotros profeta de Jehová, le apareceré en visión, en sueños hablaré con él. ⁷No así a mi siervo Moisés, que es fiel en toda mi casa. ⁸Cara a cara hablaré con él, y claramente, y no por figuras; y verá la apariencia de Jehová. ¿Por qué, pues, no tuvisteis temor de hablar contra mi siervo Moisés? ⁹Entonces la ira de Jehová se encendió contra ellos; y se fue. ¹⁰Y la*

*nube se apartó del tabernáculo, y he aquí que
María estaba leprosa como la nieve; y miró Aarón
a María, y he aquí que estaba leprosa".*

¡Qué delicado y fundamental es el tema de la autoridad! Espero
que usted pueda aplicarla en su vida, ya que sin ella, es imposible estar respaldado en la guerra; y además, es una puerta que
le abre al enemigo para que mine su territorio. Si usted no se
somete a la autoridad, pierde su autoridad.

He orado al Señor para que levante líderes como Moisés, quien
era tan humilde y tan manso, que ni siquiera se defendía. Al
tiempo de quedarse viudo, buscó para él una mujer, la cual era
negrita; pero María y Aarón empezaron a criticar este hecho. Así
mismo, hay muchas personas que hoy dicen de otras: ¿y esa
india?, ¿y esa negra? Tenga cuidado, porque ésa es la autoridad
que Dios ha puesto. Vamos a respetar la autoridad que Dios
ponga sobre nosotros. Déjeme decirle que a las negritas también les corre "la sangre azul" por las venas como a usted y a mí,
pues ellas también son hijas del Rey. De tal manera que, para el
Señor no hay judío, ni griego, ni hombre ni mujer. Todos somos
iguales ante su presencia. Por eso es que, en este tiempo, el
Señor está levantando a todas las razas, al negro, al blanco, al
indio. Muchos se van a llevar una sorpresa muy grande cuando
lleguen al cielo, porque se van a encontrar con quien menos se
imaginaban. ¡Qué tal si son personas con taparrabo!, ¿qué van a
hacer? Le va a decir al Señor: "me voy del cielo por que esto
está lleno de indios". En ocasiones, escucho conflictos de esta
índole entre hermanos, pero yo les digo hoy: hermanos, ¡¿y qué
es eso?!

Cómo es posible que muchas veces resistamos la autoridad de
Dios, y que pongamos palabras en nuestra boca que no nos
corresponden. ¿Sabe una cosa? María salió avergonzada, humilla-
da, llena de lepra, y tuvo que irse siete días por haber criticado
al hombre de Dios. Por eso, tenga cuidado cuando algo le impul-
se a criticar al hombre de Dios. Tenga cuidado porque está
llamando maldiciones para su vida, y está atrasando la obra
de Dios. Se ha preguntado alguna vez, ¿por cuántas personas la

iglesia de Cristo se ha atrasado? Dios se está atrasando por la lengua de aquellos que no tienen cuidado de atropellar la autoridad puesta por Dios.

Tengo que reconocer que no siempre he aceptado la autoridad, pero cuando esto ha ocurrido, el Señor me lo ha mostrado, lo he reconocido y me he arrepentido. Por eso digo que muchas personas resisten y no saben que lo están haciendo; pero nosotras como mujeres, como madres, como ejemplos de la Iglesia, vamos a hacer nuestra parte. ¿Está dispuesta a hacer su parte, mujer? ¿Se atreve? ¿Se atreve a hacer la parte que Dios le mandó a hacer? Si el hombre quiere tomar su lugar o no, es problema de él. Pero nosotras ¡vamos a hacer nuestra parte! Yo le aseguro, amada hermana, que cuando oramos en la presencia de nuestro Padre, Él no se queda con nada. Él responde nuestras oraciones cuando hay una madre, cuando hay una joven o una esposa que clama en su presencia. Dios abre los cielos; no solamente abre las ventanas, sino que abre las puertas de los cielos para manifestarse a favor de su Iglesia, a favor de su pueblo amado; el pueblo que le costó precio de sangre. Debemos orar para que la autoridad sea reestablecida.

Así como es necesario que aprendamos el idioma del país en el que vivimos, es necesario que aprendamos el idioma de Dios. Por ejemplo, cuando llegamos a algún país que habla otro lenguaje, se nos requiere que, por lo menos, nos defendamos con el idioma. Lo mismo sucede cuando nos convertimos a Cristo; entramos en una nación diferente, que habla un lenguaje diferente. Necesitamos hablar el idioma celestial: orar y buscar la presencia de Dios; dejar el lenguaje del mundo y comenzar a declarar la Palabra, tomando nuestra posición como hijos del Rey, cambiar nuestra forma de vida, y entender lo que es estar bajo autoridad. Aunque la oración es necesaria, muchos no lo entienden, por esto me sorprende ver que en nuestra iglesia, que es de seis mil personas aproximadamente, sólo haya un pequeño remanente orando. ¿Hasta cuándo Dios va a estar esperando por un pueblo que ore por la autoridad para que sea reestablecida, para que el hombre tome el señorío que le corresponde y pueda haber orden en su iglesia?

¡Pero qué diferencia hay entre invitar a alguien a orar e invitarlo a una fiesta! A la oración, van únicamente aquellos que están conscientes de sus prioridades, que son pocos, y la fiesta se llena. Nosotros como pueblo de Dios, tenemos que cambiar esa mentalidad. Cuando se nos llama a orar por nuestras naciones que están sufriendo, muchos no mueven ni un dedo para orar, ni para abrir esa boca en la cual hay poder de Dios disponible para que hayan cambios. En vez de decir: "esta tierra no sirve, es una porquería", diga: "ésta es la tierra que Dios me dio, Él prometió que me bendeciría a donde yo fuera". A veces me pregunto: "si el pueblo de Dios sabe que en la iglesia hay grupos de oración que se dedican a temas específicos, como los matrimonios, los jóvenes, los hombres de negocios, etcétera; y saben que su matrimonio se está derrumbando, o que su hijo está siendo arrastrado por las malas compañías, ¿por qué no quieren aprender el idioma de Dios, el idioma de la oración, el idioma del clamor? Cuando Dios dice que "si mi pueblo se humillare, yo sanaré su tierra…", nos está diciendo: "si mi pueblo se humillare, yo sanaré su familia; yo sanaré su matrimonio, yo sanaré sus hijos…".

Necesitamos muchos hombres con el corazón de Moisés en el liderazgo y en nuestros medios. Moisés era un líder, era un hombre de Dios con un corazón de intercesor, noble. Después que María lo había criticado, él intercedió para que el Señor la sanara de su lepra. Así como ella, hoy día podemos ver la condición de muchos cristianos que andan con lepra espiritual, en miseria; y todo, por usar su lengua en contra de su autoridad. Algunos dirán: ¿qué se cree esa persona que me mandó a hacer esto o aquello? Déjeme decirle que si es una autoridad, gústele o no le guste, debe reconocer que ha sido delegada por Dios y es una falta de respeto cuestionarla.

La autoridad delegada por Dios

El Pastor es la autoridad puesta por Dios en la iglesia. Los ministros, ancianos y diáconos, son personas que ejercen una autoridad delegada a ellos por Dios a través del pastor; y hay que respetarla, y no estar cuestionando sus posiciones ni menospreciándolos. Tenemos que descartar la actitud de algunas personas que dicen: "Cuando yo voy a la Iglesia, sólo quiero tratar con el pastor; si no es el pastor...". Estas personas están tomando en poco la autoridad que Dios ha delegado a los líderes de la iglesia.. ¡Tenga cuidado!, porque Dios las puso en ese lugar. Igual ocurre fuera de la iglesia, con la policía y demás autoridades. No pierda la perspectiva, cuántas personas están en la cárcel por resistir y violar la autoridad; y qué triste es escuchar las cosas tan horribles que tienen que pasar esos hombres, mujeres y adolescentes en la cárcel. Todo esto es consecuencia de la falta de autoridad en sus hogares; y por ende, no pudieron respetar la autoridad afuera.

Dios le dijo a Saúl: "Saúl, mata a todos los animales y mata a los reyes". Mas Saúl dejó las mejores vacas para él y, también, a un rey vivo. Todo, porque lo hizo a su manera, como mejor le parecía. Por eso, cuando el líder le pide algo, hágalo exactamente como se lo pide, y no como usted quiera o le parezca. ¿Sabía usted lo que le costó a Saúl congraciarse con el mundo y con los hombres? Le costó su reinado. Pero miren cuál fue la actitud de David: "y aun sus soldados le dijeron: 'mira, Saúl se quedó dormido en la cueva; ve y mátalo'", pero David dijo: "líbreme Dios de tocar al ungido". Aunque Saúl estaba mal y había desobedecido a Dios, y aunque se le hubiese quitado su reinado por desobediente y por resistir la autoridad de Dios, David no fue directamente a matarlo, sino que respetó la autoridad que había en Saúl. Por eso, es imprescindible que el temor de Dios habite en nuestras vidas para no caer en el error de resistir la autoridad que ha sido delegada al ungido de Dios.

Unos dicen: "yo quiero ver al pastor, no quiero ver a la pastora". Pues déjeme decirle que, si Dios ha puesto a una autoridad femenina, hay que respetarla también. Esto no se trata del pastor o la pastora, se trata de Dios; y hay que entenderlo de esa manera. Si lo vemos así, vamos a servir mejor; o si no, fíjese cuántas veces los pastores ponen a una persona en determinado departamento a servir y se ha ido, y ni siquiera ha dicho nada; y en la mayoría de los casos, es porque tenía problemas con la autoridad.

Hay personas que se sienten muy "reverendísimas" y con el derecho a resistir la autoridad. Pero, lo que deben hacer estas personas es arrepentirse y pedirle perdón al Señor por estar en contra de la autoridad en nuestros hogares, en nuestra sociedad, en nuestra Iglesia y dondequiera que nos movamos.

No podemos dejar de orar los unos por los otros en cuanto a nuestra actitud ante las autoridades, para que podamos mantenernos obedientes a ellas. Es decir, si usted resiste a su esposo, líder o autoridades civiles, está resistiendo a Dios mismo; y el que resiste la autoridad de Él, opera en el mismo principio de rebelión que operó Satanás. Por eso, hay que cambiar el idioma que hablamos y sustituirlo por el idioma celestial, para que en oración, se pueda arrancar este mal de nuestras iglesias y nuestra sociedad.

La pasividad

¿Por qué el hombre perdió su sacerdocio espiritual? Por la pasividad. Eso ha sido una maldición que ha operado por siglos en el hombre. La pasividad es no tomar acción ante los problemas de su familia ni de los suyos. Yo he escuchado de padres que se les dice: "hay que ir al retiro, hay que ir a la conferencia", pero ellos contestan: "después"; también se les dice: "hay que pagar los recibos", y ellos continúan diciendo: "después". Se les pide que envíen sus hijos a bautizarse, pero responden: "después". Éstos son ejemplos de un hombre pasivo. Se le dice: "Hay que llevar al muchacho para que Dios lo toque en la Iglesia", pero aún así, el hombre pasivo dice: "después, ¿para qué tanto fanatismo?". La palabra de Dios dice: "buscadme mientras pueda ser hallado, porque vendrán tiempos en que me buscarán y no me hallarán". Escuche bien esto, pueblo de Dios: "vendrán tiempos en que se buscará a Dios y no se hallará". Ahora es el momento de romper con la pasividad y decir: "voy a ser AGRESIVO; me voy a parar y voy a servir a mi Dios. ¡Me voy a encarrilar en el lugar que mi Dios me quiere!".

A cuántas personas Dios les ha dicho: "tienes un llamado a la liberación", pero no han hecho nada al respecto; o quizás les ha dicho: "tienes un llamado a orar", pero su respuesta es: "después, cuando se me vaya el miedito y la perecita que tengo". Éstos son tiempos en que el hombre debe tomar su papel de sacerdote muy en serio, para que a la mujer no le toque asumirlo en su lugar; debido a que en ocasiones, hay mujeres que se ven tan agobiadas y con un montón de cuentas por pagar, que prefieren trabajar y hacerse cargo ellas mismas, sin dar tiempo a que el hombre tome su responsabilidad como cabeza del hogar. Lo mismo ocurre con aquellos hombres que no oran, que no van a la iglesia, que no le dan la importancia debida a su autoridad y a lo que ésta conlleva; conduciendo a la mujer a tener que ocupar su lugar, quitándoles así la autoridad, diciendo: "bueno, como él no va, yo voy a ir; como él no lo hace, yo lo voy a hacer; yo voy a hacer la diferencia".

¿Qué es lo que hace la pasividad en el hombre? No le permite tomar el lugar de "cabeza" o de líder en la casa, ni tomar acción cuando los problemas se presentan. ¿Cuál es el resultado de ser un hombre pasivo? Que la mujer, finalmente, tome su lugar. Pero, a aquellas mujeres que les ha tocado ejercer el rol de mujer y de hombre al mismo tiempo, las invito a levantarse y a entrar en guerra contra el diablo, porque ha querido distorsionar el sacerdocio del hombre en el hogar y en nuestra sociedad. Así que, párese firme y dígale al diablo: "te ordeno que sueltes a mi esposo. En el nombre de Jesús, le ordeno a todo espíritu de pasividad que salga de su vida y de mi hogar. Declaro que mi esposo es un hombre que establece el señorío de Cristo, tal como Dios lo estableció. Declaro que, de ahora en adelante, él es mi cabeza, mi autoridad y que Dios le da sabiduría para hacerlo".

¿Cómo es posible que los hombres sean tan "cobardones" que se dejen vencer por el "chamuco"? Por eso, es necesario que la mujer haga una acción correspondiente y ore, creyendo que Dios va a tocar a ese hombre para que ocupe el lugar de sacerdote y establezca el señorío de Cristo en el hogar como corresponde; pues a la mujer se le ha dado poder, autoridad y derecho legal delegado por Dios mismo, para reclamar que esto sea hecho en la tierra.

La agresividad

Ésta es una actitud que debemos tener presente todo el tiempo, en contra del enemigo. No nos podemos dormir negándonos a su existencia, porque el diablo está al acecho para matar y destruir todo lo diseñado por Dios. Debemos estar listos y muy alerta, buscando el momento preciso para atacar. No se puede esperar que el diablo nos persiga, sino más bien, percibir el lugar en que se esconde para saquearlo. Háblele de forma intimidante, diciendo: "dónde estás metido, porque te voy a sacar, te voy a arruinar, te voy a echar fuera; te voy a arrancar de mi casa, te voy a arrancar de mis finanzas, ¡te voy a sacar!; pues tengo la autoridad de Cristo, y además, me ha dado la Palabra y la ha puesto en mi boca para arrancar, para arruinar y para deshacer las obras del diablo".

Cuando la autoridad de la casa, el hombre, no está presente, ya sea porque se fue de la casa, está de viaje u otra circunstancia, el enemigo tratará de aprovecharse. En ese preciso momento, es cuando la mujer no puede dejarse caer, sino tener el valor de levantarse con las "fuerzas del búfalo". Es ahí cuando debe ejercer la autoridad, en el nombre de Jesús, para no dejar que el enemigo tome ventaja de las situaciones; como me sucedió a mí cuando mi esposo tuvo que viajar a Honduras. En esa ocasión, mi hijo Bryan se enfermó, le dio fiebre y vómito; pero yo me paré, y estando sola en la casa, le dije al enemigo: "mira cochino, te reprendo en el nombre de Jesús". Entonces, puse la mano sobre mi hijo y le ordené que lo soltara; como resultado de mi oración, la fiebre y el vómito desaparecieron, y el niño fue sano y libre al instante. En otra ocasión, mi esposo se fue a una convención, y nuevamente, me quedé sola. Yo presentía, en el mundo espiritual, que me querían hacer algo. Así que, me levanté como a las dos de la mañana, y dije: "¡con qué ésas tenemos, ah! Pues tú vas a ver cochino diablo..." Llamé a una intercesora por teléfono y le dije: "ponte de acuerdo conmigo porque tengo un poquito de miedito, pero ahora mismo, le vamos a meter una paliza a este 'chamuco'"; y en el nombre de Jesús, nos metimos en guerra. "¿Cómo te atreves a traer temor y a tentarme cuando el sacerdote, la autoridad, no está en la casa? Yo te reprendo y te echo fuera, porque a mí también se me dio autoridad; y cuando mi esposo se va, yo soy la autoridad en la casa". Pero eso es sólo cuando el esposo se va; porque cuando está en la casa, él es la cabeza. Usted dirá: "bueno, pero ya soy soltera porque mi esposo se fue con otra", ¿y por qué dejó que se fuera con otra?, ¿por qué lo permitió?, si usted sabe que nuestra lucha no es con espada ni con ejército... Alguna de ustedes dirá: "pero es que yo no sabía pelear ni guerrear por ese 'guanajo' que ni siquiera se ponía las pilas".

¿Usted sabe lo que hizo Abigaíl por su esposo, Nabal, que era un sinvergüenza, borracho y maltratador de mujeres? Ella intercedió por él cuando el rey David lo quiso matar por no haberle llevado el alimento al ejército, al pueblo de Dios. Abigaíl se levantó e hizo una torta de uvas y fue a llevársela a David para que no le mataran a su esposo. Y en ese momento, Abigaíl halló gracia delante de David, y éste le perdonó la vida al borracho Nabal. Así que, ¡no hay excusa! Finalmente, a Nabal le dio un ataque del corazón y murió; entonces, cuando David se enteró de esto, la mandó a buscar y la tomó como esposa.

Recuerde que la venganza es de Dios y no suya. Deje que el Señor le traiga su "moreno". Si el borracho que usted tenía se murió, deje que Dios le traiga su "moreno", que le traiga su Rey. Usted puede ser casada, soltera, doncella o jovencita, pero de cualquier forma, tiene que luchar para que el sacerdote de su hogar, brille. Yo le decía al Señor: "voy a luchar para que mi esposo brille. Reconozco que tal vez, no he hecho el mejor trabajo; pero Señor, en lo que a mí concierne, te pido que me ayudes a levantar esos tres hombres que me has dado. No soy la mejor, pero quiero que un día, cuando vaya ante tu presencia, te pueda decir: "Señor, me diste tres varones, e hice con ellos lo que me pediste". Arranquemos la indiferencia de nuestra vida, y dejemos de pensar que este asunto no nos incumbe. Cuando echemos la apatía a un lado, veremos menos mujeres divorciadas, o sin esposo y tantos niños (as) sin papá. ¿Cuántas de ustedes hoy día están sufriendo porque el sacerdote de la casa, la autoridad, está por el piso? Nosotras podemos hacer algo y hacer algo grande; podemos hacer la diferencia. Es el momento de reflexionar y arrepentirnos genuinamente, por haber resistido a la autoridad en algún momento de nuestra vida. Comprométase hoy, a orar por el sacerdocio establecido por Dios y por todas las autoridades, para que podamos recibir más autoridad y, de esta manera, nos sea posible tener un encuentro con la autoridad de Dios.

CAPÍTULO V

EL COMPROMISO, LA DISCIPLINA Y LA PERSEVERANCIA

El compromiso, la disciplina y la perseverancia son esenciales para que todo creyente, líder, anciano o ministro, gane una batalla. Son estos ingredientes, los que nos conducen a obtener la victoria en cualquier guerra, pues si no estamos realmente comprometidos, con Dios primeramente, y luego, con el objetivo que queremos alcanzar, no tendremos el deseo de comenzar una disciplina para orar constantemente, con perseverancia, hasta lograr alcanzar nuestras metas. Decimos llamarnos el ejército de Dios, pero a la hora de exigir compromiso, disciplina y perseverancia, nos quedamos cortos. Todo lo queremos "hecho en horno microondas". En la mayoría de los casos, tenemos que librar batallas que duran más tiempo que otras; pero anímese, que Dios ya le dio la victoria. El resultado de su fe es para hoy, no para mañana. Haga una acción correspondiente, creyendo que su bendición y su petición ya existen; ore y reclame lo que Dios quiere darle.

¿Qué es el compromiso?

Es tomar una decisión de calidad por un largo tiempo, con todo el corazón y sin volver atrás.

> "*13Hermanos, yo mismo no pretendo haberlo ya alcanzado; pero una cosa hago: olvidando ciertamente lo que queda atrás, y extendiéndome a lo que está delante, 14prosigo a la meta, al premio del supremo llamamiento de Dios en Cristo Jesús*".
> Filipenses 3.13,14

¿Qué es la disciplina?

Es someter nuestra carne a servidumbre para lograr una meta.

> *"12...gozosos en la esperanza; sufridos en la tribulación; constantes en la oración...". Romanos 12.12*

¿Cuál fue la disciplina de Pablo?

> *"27...sino que golpeo mi cuerpo, y lo pongo en servidumbre, no sea que habiendo sido heraldo para otros, yo mismo venga a ser eliminado".*
> *I Corintios 9.27*

¿Qué es la perseverancia?

Es insistir, permanecer, ser constante con una persona o cosa.

> *"14Todos éstos perseveraban unánimes en oración y ruego, con las mujeres, y con María la madre de Jesús, y con sus hermanos". Hechos 1.14*

Tenemos que hacer un compromiso en nuestro espíritu, para con nosotros mismos y para con nuestro Padre Celestial, porque Él busca que le adoremos en espíritu y en verdad. Por ejemplo, en mi caso, yo hice un compromiso o una cita a una hora específica con mi Señor todos los días. Llueva, truene o relampaguee, no tengo excusa; debo cumplir mi cita con Dios. Por esto, me levanto a la misma hora siempre, así me acueste tarde o temprano, así me sienta cansada, así me duela el cuerpo. No permito ninguna excusa, ni a mí ni a mi carne; así se demuestra el amor por Jesús. Debemos ser seres radicales y no permitir que ninguna piedra se nos interponga en el camino para incumplir esa cita con nuestro amado Jesús de Nazaret. Yo decidí pasar tiempo de calidad con Él en la madrugada, cuando todo el mundo duerme y el afán del día no ha llegado; porque se corre el peligro de que lo dejemos para más tarde y que, finalmente, salgamos de nuestra casa sin la protección y el tiempo de comunión con Dios para librar las batallas.

La pregunta que le he hecho a las personas que practicaron el satanismo alguna vez es: ¿a quiénes el diablo más ataca?, y su respuesta es que el diablo siempre busca atacar a los cristianos más débiles, a aquellos que no oran, que no leen la Palabra, que no reciben impartición de parte del Señor; a aquellos que tienen puertas abiertas, que todavía son amigos del mundo, que no se congregan. Todas estas personas se convierten en un blanco para el enemigo. De ahí, la importancia del compromiso, la disciplina y la perseverancia en nuestra comunión diaria con el Señor, para que podamos librar las batallas que se viven cada día.

> *"⁷Pedid, y se os dará; buscad, y hallaréis; llamad, y se os abrirá". Mateo7.7*

Es hora de que el hombre, como cabeza del hogar, se comprometa con Jesús. Es decir, sea el primero en orar, servir, ofrendar, alabar y adorar al Señor, para que su esposa lo siga; y así juntos, provocar que la gloria de Dios y su bendición, se derramen en su hogar.

En este momento, le animo a que me acompañe en una oración, que le dará las fuerzas para un nuevo comienzo en su vida espiritual. Después de haber hecho esta oración, haga una acción correspondiente a su fe y dé inicio a la experiencia más maravillosa que puede existir, que es la de hablar con Dios y aprender a escuchar su voz, para recibir dirección y bendición en su vida.

"Padre, en el nombre de Jesucristo de Nazaret, yo te pido, Señor, que todas las personas que lean este libro, ya sean hombres, mujeres, jóvenes, ancianos o niños, reciban la impartición del Espíritu Santo, para que haga un compromiso contigo de orar diariamente. Porque sabemos, por el testimonio de nuestro Ministerio, que la oración es la que mueve tu mano, y es el único método que hala tu Reino y tu voluntad para establecerlo en nuestras vidas; en el nombre de Jesucristo, amén".

CAPÍTULO VI

LOS OBSTÁCULOS DE LA ORACIÓN

os hijos de Dios estamos llamados a traer libertad a los cautivos en el nombre de Jesús, a hablar la palabra de Dios y a sembrar amor y consuelo en los corazones quebrantados y abandonados.

"¹El Espíritu de Jehová el Señor está sobre mí, porque me ungió Jehová; me ha enviado a predicar buenas nuevas a los abatidos, a vendar a los quebrantados de corazón, a publicar libertad a los cautivos, y a los presos apertura de la cárcel; ²a proclamar el año de la buena voluntad de Jehová, y el día de venganza del Dios nuestro; a consolar a todos los enlutados; ³a ordenar que a los afligidos de Sion se les dé gloria en lugar de ceniza, óleo de gozo en lugar de luto, manto de alegría en lugar del espíritu angustiado; y serán llamados árboles de justicia, plantío de Jehová, para gloria suya. ⁴Reedificarán las ruinas antiguas, y levantarán los asolamientos primeros, y restaurarán las ciudades arruinadas, los escombros de muchas generaciones. ⁵Y extranjeros apacentarán vuestras ovejas, y los extraños serán vuestros labradores y vuestros viñadores. ⁶Y vosotros seréis llamados sacerdotes de Jehová, ministros de nuestro Dios seréis llamados; comeréis las riquezas de las naciones, y con su gloria seréis sublimes. ⁷En lugar de vuestra doble confusión y de vuestra deshonra, os alabarán en sus heredades; por lo cual en sus tierras poseerán doble honra, y tendrán perpetuo gozo. ⁸Porque yo Jehová soy amante del derecho, aborrecedor del latrocinio para holocausto; por tanto, afirmaré en

verdad su obra, y haré con ellos pacto perpetuo. ⁹Y la descendencia de ellos será conocida entre las naciones, y sus renuevos en medio de los pueblos; todos los que los vieren, reconocerán que son linaje bendito de Jehová. ¹⁰En gran manera me gozaré en Jehová, mi alma se alegrará en mi Dios; porque me vistió con vestiduras de salvación, me rodeó de manto de justicia, como a novio me atavió, y como a novia adornada con sus joyas. ¹¹Porque como la tierra produce su renuevo, y como el huerto hace brotar su semilla, así Jehová el Señor hará brotar justicia y alabanza delante de todas las naciones". Isaías 61.1-11

Cuando el cristiano se convence de la autoridad que tiene en el nombre de Jesús y le quita todo derecho legal al enemigo, se convierte en un arma poderosa para el Reino de Dios, y es capaz de pararse frente al enemigo y frente a cualquier obstáculo y decir: "Por el dedo de Jehová yo echo fuera demonios". Es necesario que los hijos de Dios paren de quejarse y prestarle la boca al diablo para creerle sus mentiras. Cuando un cristiano se levanta en autoridad y se apropia de la palabra de Dios como lo dice en Jeremías 1.4-10, entonces empieza a ver el resultado de sus oraciones.

""Vino, pues, palabra de Jehová a mí, diciendo: ⁵Antes que te formase en el vientre te conocí, y antes que nacieses te santifiqué, te di por profeta a las naciones. ⁶Y yo dije: ¡Ah! ¡ah, Señor Jehová! He aquí, no sé hablar, porque soy niño. ⁷Y me dijo Jehová: No digas: Soy un niño; porque a todo lo que te envíe irás tú, y dirás todo lo que te mande. ⁸No temas delante de ellos, porque contigo estoy para librarte, dice Jehová. ⁹Y extendió Jehová su mano y tocó mi boca, y me dijo Jehová: He aquí he puesto mis palabras en tu boca. ¹⁰Mira que te he puesto en este día sobre naciones y sobre reinos, para arrancar y para destruir, para arruinar y para derribar, para edificar y para plantar". Jeremías 1.4-10

Si usted cree y se apropia de esta palabra, ella le mostrará que por muy pequeños que nosotros seamos, nuestro Dios nos hace grandes para destruir, arrancar y derribar los planes del maligno. Tenemos la palabra de Dios, la unción del Espíritu Santo de Dios, la Sangre y el nombre poderoso de Jesús; es decir, está todo a nuestro alcance para construir y edificar; pero, lamentablemente, muchas veces las oraciones no pasan ni del techo.

Se ha preguntado alguna vez, ¿por qué ora y ora, y no ve un rompimiento? Déjeme decirle, hermano y hermana, que si usted no está limpio delante de Dios y sus intenciones no han sido purificadas, su oración tendrá obstáculos y no podrá llegar a la presencia de Dios; tampoco tendrá la verdadera autoridad delante del enemigo, porque en su vida todavía hay áreas que aún le pertenecen a él. La palabra de Dios es como espada de dos filos, y funciona, pero es necesario que usted la haga funcionar.

Los obstáculos de la oración deben ser derribados de su vida, de su mente y de su diario vivir, para que pueda pasar realmente de la oración a la guerra, y convertirse en un soldado que salga victoriosos y no herido.

Cuando vaya leyendo cada uno de estos obstáculos, hágase un autoexamen, y si encuentra alguno de ellos en su vida, renuncie inmediatamente, para que pueda ganar y conquistar la batalla en su propia vida y en la de otros. Si se queja o se frustra, retrocede y pierde todo lo que había ganado; por esto, manténgase confesando lo positivo, hablando la palabra de Dios y confesando las promesas que Él tiene para usted y los suyos. Si usted se mantiene haciendo todo esto, aunque se tambalee, llegará a cumplir el plan que Dios tiene en su vida.

El pecado

Uno de los obstáculos más fuertes de la oración, es el pecado. Si usted está viviendo en pecado y no se arrepiente, sus oraciones son estorbadas, y le está dando al enemigo áreas de su vida para que él las administre. Una persona no puede estar dividida entre dos reinos; por tal motivo, es necesario que se arrepienta y deje de pecar. Ahora, si usted cree que su obstáculo es algo compulsivo, con el cual no puede lidiar por sí solo, entonces busque ayuda para que sea libre y corte toda ligadura, toda iniquidad y toda alianza con el diablo.

La falta de perdón

Otro de los obstáculos poderosos de la oración, que detiene nuestro crecimiento espiritual, es la falta de perdón; lo cual nos lleva a sentir odio y amargura en nuestro corazón. Es necesario que el cristiano tenga el perdón como estilo de vida, para que sus oraciones tengan fruto. En muchas ocasiones, tomar el paso de perdonar será difícil, y puede ser que ni sienta el deseo de hacerlo, pero esta decisión no se basa en un sentimiento, sino que es un mandato de parte de Dios hacia sus hijos. Cuando aprendemos a perdonar todo el tiempo, y condicionamos nuestra mente para esto, le quitamos el derecho legal al enemigo de atormentar nuestras emociones.

Si usted no perdona, se cree mejor que Dios, porque Él sí nos perdona. Si tiene falta de perdón contra sus padres, piense ¿quién es usted para juzgarlos? Si siente falta de perdón contra alguien, vaya delante de la presencia de Dios y pídale perdón por guardar resentimientos. Recuerde, la palabra de Dios nos dice que debemos perdonar hasta 70 veces 7.

Perdone a aquellos que le han herido, y renuncie a toda contaminación y a toda influencia de falta de perdón, odio, resentimiento y amargura. Respire profundo y exhale; y mientras lo hace, tenga presente que está soltando todo espíritu que se encuentra alojado en usted desde el momento que le abrió la puerta a la falta de perdón. Cuando hay falta de perdón, las personas presentan síntomas físicos al ver u oír hablar de la persona que las lastimó; por ejemplo, dolores de estómago o en el corazón. Éstos pueden ser indicios de espíritus que están alojados en su cuerpo, los cuales, de la misma manera que entraron, tienen que abandonar su cuerpo cuando renuncie a ellos y les quite el derecho legal. El perdón es muy importante para poder obtener frutos en la oración y en cualquier área de su vida. Cuando Jesús realmente está en su corazón, le es posible peronar. El Espíritu Santo le ayuda a perdonar y a sanar toda herida. Créalo, no es solamente leerlo y luego olvidarlo; practíquelo, vívalo y dé testimonio a otros de lo que esta revelación ha hecho en su vida, para la gloria y honra de Dios.

Problemas matrimoniales

El prójimo inmediato a nosotros es nuestro esposo (a); y si el cónyuge está buscando el bien del otro, va a lograr muchas cosas en la vida. Es necesario que la comunicación en el matrimonio sea efectiva, de lo contrario, las oraciones no llegarán al cielo. El Señor nos ha dado la capacidad de amar, perdonar y orar. Si usted se pone a pelear con su cónyuge, va a perder la pelea en contra del enemigo y la victoria en el Señor.

La mujer debe someterse a la autoridad y al amor de su esposo. A veces, tenemos que callar aunque tengamos la razón; pero lo bueno de esto, es saber que en Cristo nunca se pierde, siempre y cuando, cerremos la boca ante nuestro cónyuge y nos desahoguemos con el Señor.

A mí me gusta someterme a la autoridad. Mi mamá era de un temperamento fuerte y era conocida por el apodo de "la leona del pueblo"; sin embargo, quien tenía los pantalones y la última palabra en casa, era mi papá. Cuando Cristo es la cabeza del hombre, automáticamente, se convierte en la cabeza del hogar y, por consiguiente, la mujer se somete al amor de ese hombre. Pero es necesario que el esposo se levante como un verdadero sacerdote en su hogar, y sea un ejemplo para su esposa y sus hijos.

Si su cónyuge aún no ora, no pelee, porque cuando uno de los dos empiece a orar, el otro se va a sentir mal por no hacerlo; y si usted sigue creyendo, llegará el momento en que su cónyuge tome su rol. En el caso del hombre, éste se convertirá en el verdadero sacerdote del hogar, y si es la mujer, será esa ayuda idónea, esa que rodea, cubre y ora por su esposo. Cada esposo y esposa tiene que pelear su batalla, sin llegar a pelear o discutir con su cónyuge, pues eso es lo más fácil de hacer. ¡Haga lo correcto!, simplemente calle y ore. No pelee con su esposo, pelee con Satanás; ¡con ése, mantengase a la ofensiva todos los días, para que suelte a su pareja!

Cuando un matrimonio se une en oración, forman un equipo poderoso para penetrar las defensas del maligno y arrancarle de las garras a sus hijos, a sus familiares, a sus vecinos y a su barrio.

Aunque no vea los resultados inmediatamente, siga buscando y orando; pues tarde o temprano, verá el resultado. No pare de orar y manténgase pegado de nuestro Señor.

No obedecer la palabra de Dios

"El que aparta su oído para no oír la ley, su oración también es abominable". Proverbios 28.9

Tenemos que tomar una decisión y decirle "no" al mundo. Dios tiene la misma bendición para todos, pero depende de nosotros el que la recibamos o no; su nivel de crecimiento espiritual depende de usted. El que aparta su oído para no oír la ley, su oración también es abominable.

Si ha apartado su oído de la palabra de Dios y no le ha obedecido, éste es el momento de arrepentirse y empezar de nuevo; pues en Cristo hay esperanza, porque "sus misericordias son nuevas cada mañana".

Es una tremenda bendición servir a Dios, pero es necesario que nos despojemos de la malicia, del pecado. No obedecer la palabra de Dios, no sólo obstaculiza nuestra oración, sino también, nuestro testimonio y diario vivir. Si el Señor nos pide que nos apartemos del pecado y no le obedecemos, nuestras oraciones no tienen resultado. Hay que escuchar la palabra de Dios, aprenderla, practicarla y obedecerla; de esta manera, recibiremos bendiciones hasta que sobreabunde.

Orar por motivos equivocados

Nuestras oraciones son obstaculizadas cuando:

• No dedicamos tiempo para orar por otros.
• Somos egoístas en la forma de orar.
• Hacemos oraciones de manipulación, por medio de las cuales queremos que se haga nuestra voluntad y no la del Señor.
• Oramos sólo para nuestro propio beneficio.

Es necesario pedirle a Dios con los motivos correctos. Lo que se le pide al Señor debe ser para darle gloria y honra a Él. Cuando pedimos las cosas por egoísmo, estamos perdiendo el tiempo, porque el Señor no nos las da.

Ahora que usted conoce la importancia de la oración y sus obstáculos, y sabe que la oración del justo es eficaz, debe tomar la decisión de derribar las barreras que no permiten que sus oraciones sean efectivas y agradables para Dios. Es hora de que empiece a vivir como un verdadero cristiano, orando en todo tiempo, para que el Señor le vaya mostrando las áreas que debe cambiar y así, Él lo pueda usar. Si usted quiere ser usado por Dios y pasar **De la Oración a la Guerra**, para ser un arma poderosa en el ejército de Dios, quite todo obstáculo de su camino y conságrele al Señor cada área de su vida. Entréguele todas sus debilidades a Él, pues el Padre Celestial no desprecia un corazón contrito y humillado.

CAPÍTULO VII

LA INTERCESIÓN

Si usted cree que no puede hacer guerra, es porque se ve, a sí mismo, muy pequeño y trata de ganar las batallas en sus propias fuerzas. La guerra se hace en las fuerzas del Señor y en el nombre de Jesús, no en las suyas; ¡así, usted puede ganar!

Rompa la mentalidad del "no puedo", y preséntese ante su Padre Celestial como siervo y como hijo de Dios. Pues, tenemos la autoridad delegada en el nombre de Jesús, para arrebatarle al diablo las personas y las naciones. Es necesario descartar la autocompasión de su vida y dejarse usar por Dios para que Él derrame de su vino nuevo sobre usted.

Dios no está buscando un título, sino un corazón dispuesto. Lo único que usted necesita es la fe y el denuedo para creer que lo que pida, en el nombre y por la sangre de Jesús, será hecho. Simplemente, tome su cruz y sígalo; que no le importe lo que otros digan ni lo mucho que le hayan herido. Eche todo su pasado a un lado, siga los pasos de Jesús y mantenga su mirada en Él. El Señor sólo está buscando hombres y mujeres que hagan vallado delante de su presencia.

> *"12Desde los días de Juan el Bautista hasta ahora, el reino de los cielos sufre violencia, y los violentos lo arrebatan". Mateo 11.12*

Es necesario anhelar las manifestaciones del Reino de Dios con un deseo ardiente y un gran esfuerzo. Pero para lograrlo, hay que pagar un precio: dejar la queja y la autocompasión. Tome la decisión de levantarse en el poderoso nombre de Jesús.

Cuando mi esposo y yo comenzamos en el ministerio, vinieron muchos ataques del enemigo. Sin embargo, el Espíritu Santo me enseñó a hacer guerra y a pararme en la brecha por mi familia. Entonces, hice lo que Él me había mandado a hacer, diciendo: "diablo, te trazo un lindero, y no te atrevas a tocar mi hogar, no te atrevas a tocar mi ministerio; porque mi hermano mayor, Jesús de Nazaret, el que te venció en la cruz del Calvario y te arrebató las llaves del infierno y de la muerte, está tomado de la mano conmigo; y si te metes conmigo, te metes con Él". El diablo detesta escuchar esto. Cuando él venga contra usted y trate de hacerle creer una mentira, como que "no puede", o quiera arruinar su hogar, su ministerio o sus hijos, revuélquelo con la palabra de Dios y recuérdele lo que le espera. ¡Eso es Guerra!

Usted hace guerra cuando es intercesor, cuando "repara portillos" por su esposo, por sus hijos, y por toda su familia. Debe pedirle al Espíritu Santo que le dé estrategias para cubrir a sus seres queridos; pero para lograr esto, primero debe aprender a hacer vallado y a levantar muralla, para que cuando el diablo venga, no pueda entrar.

Dios está buscando adoradores e intercesores, y si los está buscando, es porque no hay muchos. Recuerde que Dios decidió usar cuerpos humanos para lograr lo que Él quiere hacer acá en la tierra. Por eso, usted debe prepararse para que Él pueda usar su cuerpo, su boca, sus manos y todo su ser.

> "²⁴ *Dios es Espíritu; y los que le adoran, en espíritu y en verdad es necesario que adoren". Juan 4.24*

Para llegar a ser intercesor o reparador de portillo, es necesario ser un adorador y amar a Dios con todo el corazón (en cuerpo, alma y espíritu). También, hay que buscarlo y decirle que está dispuesto para que Él haga lo que quiera con usted, para su gloria y honra.

La intercesión levanta un vallado, un cerco de protección que ayuda al que está en problemas y protege al que tiene desesperación. La intercesión es una muralla que se levanta con la palabra de Dios, cuando ésta es declarada y decretada sobre las personas, ministerios, familiares o naciones. Aquel que ora e intercede, es porque ha creído que Dios lo puede usar para algo más que pedir por sí mismo.

Cuando una familia, un esposo (a), un ministerio o una nación están cubiertos con un cerco de oración, porque se ha levantado una muralla de la palabra de Dios, el enemigo no puede meterse aunque quiera, porque hay un centinela cuidando. Ese centinela puede ser usted, si se atreve a creerlo y está listo para ganar esta guerra. Tiene que hacer vallado con la Palabra, el nombre y la sangre del Cordero. Usted tiene el armamento, "porque las armas de nuestra milicia no son carnales sino poderosas en Dios".

Si el énfasis de su vida es el Rey de Reyes y Señor de Señores, Jesús de Nazaret, y tiene como base la oración y, además, está disponible, entonces usted puede decirle al Señor:"acá tienes mi vientre para que yo, en oración, pueda dar a luz la salvación de mi familia inconversa, de mis vecinos y de mi nación". A través de su boca, en el nombre de Jesús, hará maravillas.

Pase a otro nivel, a ese nivel que penetra las defensas del enemigo, a ese nivel donde se recibe la unción que rompe, arranca, destruye toda obra del diablo y planta la palabra de Dios. Pase al nivel que, como hijo e hija de Dios, debe llegar: el nivel que traspasa la oración hasta llegar a la guerra.

Hace unos años, en una vigilia, empecé a interceder por mi papá hasta que lo di a luz en el espíritu; rompí todos los planes del enemigo en contra de él, en el nombre de Jesús, y planté la palabra de Dios en su vida. Al poco tiempo, me llamaron y me dijeron que viajará a Colombia a despedirme de él, porque ya le quedaba poco tiempo de vida. Cuando llegué allá, le hablé de Jesús de Nazaret, de lo que Jesús había hecho en mi vida, y de lo agradecida que estaba con Dios por el padre que me había dado. Empecé a darle las gracias a mi papá por el ejemplo que me dio y por el sólo hecho de ser mi padre. También, le dije que era el mejor papá del mundo, que había marcado mi vida por haber sido un padre excelente, y de repente, mi papá empezó a gritar y a llorar. Lo que lo estaba matando era la culpabilidad, y para la gloria y honra de Dios, mi padre se sanó. Han pasado más de cinco años y él está sano, rejuvenecido; empezó predicándole a sus vecinos y hoy es un tremendo cristiano, tremendo ayunador y tremendo adorador. Esto es una prueba evidente de que, cuando uno se entrega a Dios y deja que el Espíritu Santo lo tome y lo use, Él puede hacer lo que quiera a través de nuestra vida.

Consagre su vida a Dios, préstele su boca y hable su Palabra; repare la brecha, haga muralla y verá cómo, a través suyo, Él podrá glorificar su santo Nombre.

CAPÍTULO VIII

LAS LLAVES DEL REINO

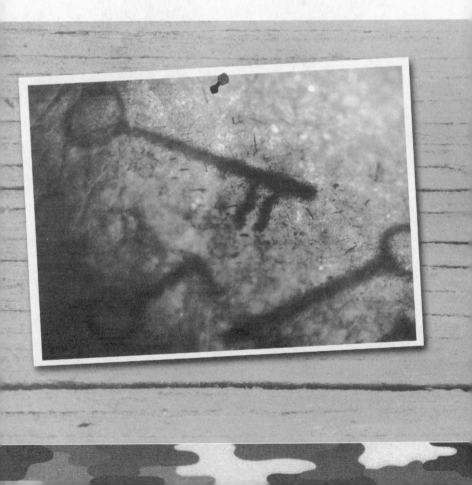

Una de las cosas que los creyentes deben entender, es que, a cada uno de nosotros, se nos ha sido dado el poder y la autoridad para representar a Dios, y para ejercer dominio y señorío en la tierra. Dios creó al hombre para que ejerciese señorío sobre todo lo creado. Todo lo que permitamos como creyentes, será permitido en el cielo, y todo lo que prohibamos aquí en la tierra, será prohibido en los cielos.

Dios creó al hombre para señorear

"26 Entonces dijo Dios: «Hagamos al hombre a nuestra imagen, conforme a nuestra semejanza; y tenga potestad sobre los peces del mar, las aves de los cielos y las bestias, sobre toda la tierra y sobre todo animal que se arrastra sobre la tierra". Génesis 1.26

Cuando Dios le dice al hombre que señoree sobre todo lo creado, le está diciendo en esencia, que ejerza dominio, señorío y autoridad, y que ejecute planes. Pues, Él le ha dado el derecho legal para que cumpla con sus planes y sus propósitos en la tierra.

¿Cómo iba a señorear el hombre?

Dios estableció en su Palabra desde un principio, que para señorear o tener autoridad en la tierra, era necesario tener un cuerpo físico; ya que de otra manera, sería ilegal operar en ella.

Dios le dio autoridad al hombre para ejercer señorío aquí en la tierra, y lo hizo de dos formas:

Por medio de un cuerpo físico. El cuerpo físico le da al hombre el derecho para vivir en la tierra legalmente, para ejercitar dominio y señorío, y para ejecutar los planes de Dios.

Por medio de su libre albedrío o por su propia voluntad. Desde un principio, Dios estableció en su Palabra, que le daba al hombre una voluntad propia para escoger y hacer sus propias decisiones. Dios nunca ha violado la voluntad de un hombre; por lo tanto, para que el hombre ejerza señorío en la tierra, necesita estar disponible y decirle a Dios voluntariamente: "sí Señor, yo lo haré con gozo y alegría", y ofrecer su cuerpo para que Dios habite en él y cumpla su propósito.

El hombre cae en pecado

Adán no ejercitó señorío y autoridad sobre su mujer ni sobre la serpiente. Nótese que el diablo usó el cuerpo de una serpiente para tentar a Eva, pues él sabía el principio de Dios que dice que, para actuar en la tierra, se necesita un cuerpo. Por tanto, Adán y Eva caen en pecado, pierden la autoridad y el poder dado por Dios, y como consecuencia de esto, ahora el hombre necesita ser redimido de su pecado.

Jesús recupera la autoridad perdida

Jesús vino a este mundo, se hizo carne, nació de una virgen, y entró a la tierra a través de un cuerpo físico; lo cual le dio el derecho legal para actuar en ella. Luego, padeció en la cruz, murió y resucitó al tercer día, reconquistando, por medio de su muerte, la autoridad y el poder que se habían perdido; para, finalmente, entregárselos a la iglesia.

> *"¹⁸Jesús se acercó y les habló diciendo: Toda potestad me es dada en el cielo y en la tierra".*
> *Mateo 28.18*

La palabra **potestad**, en las diferentes traducciones bíblicas, es autoridad. Cada vez que usted vea la palabra potestad, se está refiriendo a autoridad.

Los creyentes tenemos la autoridad, dada por el Señor Jesús, para ejercer dominio y señorío. Jesús recuperó lo que Adán había perdido, y nos lo entregó a nosotros.

¿Qué es autoridad?

Es la palabra griega *"exousia"*, que significa el derecho legal delegado para ejercitar dominio y señorío con un poder que nos respalda.

En el lenguaje legal, se usa mucho la palabra "poder".

¿Qué es poder?

Es la autoridad, la habilidad o la facultad para hacer cualquier acto o hecho.

¿Qué es un poder legal?

Un poder legal es un instrumento escrito por una persona, como principal, donde señala a otro como agente y le confiere autoridad para llevar a cabo o ejecutar ciertos actos específicos en su lugar o en nombre del principal.

También es usado en caso de que muera el principal; donde automáticamente, se delega ese poder al agente para que actúe en nombre de la persona que murió.

> *"16...pues donde hay testamento, es necesario que conste la muerte del testador, 17porque el testamento con la muerte se confirma, pues no es válido entre tanto que el testador vive".*
> Hebreos 9.16, 17

¿Cómo podemos aplicar esta descripción legal, a lo espiritual, con lo que hizo Jesús?

Jesús vino a la tierra como un hombre, murió y resucitó. Esta resurrección nos dio un poder legal, el cual fue dejado por escrito, y establece que el principal es el Señor de los cielos y la tierra, y nosotros somos sus agentes. Él nos confió su autoridad para llevar a cabo o ejecutar actos en su lugar.

Los creyentes tenemos el "poder legal escrito" para prohibir o permitir, cerrar o abrir, echar fuera demonios, sanar los enfermos y para orar e interceder por cualquier cosa aquí en la tierra. ¡Gloria a Dios!

Hay dos tipos de "poder legal" en la ley moderna. Éstos son:

Poder específico. Éste es el poder que es dado para actuar solamente en algunos casos específicos en lugar del otorgante.

Poder general. Éste es el poder que es dado para actuar y ejecutar cualquier acto, en el nombre del otorgante. En este tipo de poder, el otorgante da y confiere todos sus derechos para ser representado y para llevar a cabo cualquier acto, ya sea para decidir o hacer todo lo que al agente le fue conferido por medio del poder dado por el otorgante.

Jesús no nos dio un poder específico, sino un poder general para ejecutar y llevar a cabo lo que Él nos dijo que hiciéramos.

Cuando Jesús dijo estas palabras: *"toda potestad o autoridad se me ha sido dada en los cielos y en la tierra, por tanto id"*, nos estaba entregando un cheque en blanco, un poder general. Es decir, la misma autoridad que le fue conferida por el Padre, también nos la confirió a nosotros.

Jesús nos delega ese "poder legal general" a nosotros para echar fuera demonios.

> *"[18] Y les dijo: Yo veía a Satanás caer del cielo como un rayo. [19] He aquí os doy potestad de hollar serpientes y escorpiones, y sobre toda fuerza del enemigo, y nada os dañará". Lucas 10.18, 19*

La palabra **hollar** es el vocablo griego *"pateo"*, que significa machacar, machucar, pisar o pisotear con el pie.

Jesús nos dio un poder legal general para pisotear toda obra del diablo. Él dice: *"yo les doy autoridad, un poder general para machucar debajo de sus pies a los demonios, serpientes y toda obra del diablo"*. Nosotros los creyentes estamos llamados a actuar en lugar de Jesús, en cualquier circunstancia, aun cuando nos enfrentamos con el diablo.

El derecho legal o el poder general dado por Jesús, está respaldado con un poder que viene de los cielos. Jesús no solamente nos lo dejó por escrito y nos asignó ejecutarlo, sino que también, nos dio el poder para llevarlo a cabo. Por ejemplo, el Presidente de los Estados Unidos cuando decreta algo, lo dice y lo da por escrito. Es un decreto de ley que tiene que llevarse a cabo; pero si alguno de los ciudadanos no lo quiere obedecer, el Presidente tiene todo el ejército, la fuerza aérea, la marina, la infantería, los jueces, el congreso, el senado, el FBI y la CIA que lo respaldan para hacer cumplir sus decretos.

Si ciertos ciudadanos no quieren someterse a la ley, algunas ramas gubernamentales se encargarán de hacer que esos individuos rebeldes reciban un aviso o penalidad; y si aún así no obedecen, serán llevados a la cárcel.

El Presidente tiene tanto respaldo, que lo que él diga, es llevado a cabo al instante. Así mismo sucede en lo espiritual. Jesús nos dio un poder legal general para ejecutar todo lo que Él dejó escrito en el testamento.

Además de eso, si hay alguien o algo que no quiere someterse a las leyes del Reino, Jesús nos dio un poder que nos respalda para hacerlas cumplir. Tenemos el nombre, la palabra de Dios, la unción del Espíritu Santo, la sangre de Jesús, los ángeles del cielo y un poder que nos respalda aquí en la tierra.

El poder que nos respalda para ejecutar la autoridad aquí en la tierra, es dado cuando el Espíritu Santo viene sobre nosotros y somos llenos de él. La evidencia de que esto ocurre es cuando podemos hablar en otras lenguas.

> "⁸...pero recibiréis poder cuando haya venido sobre vosotros el Espíritu Santo, y me seréis testigos en Jerusalén, en toda Judea, en Samaria y hasta lo último de la tierra". Hechos 1.8

¿Cuál es el "poder legal general" que Jesús nos dejó por escrito?

> "¹⁹Y a ti te daré las llaves del reino de los cielos: todo lo que ates en la tierra será atado en los cielos, y todo lo que desates en la tierra será desatado en los cielos". Mateo 16.19

¿Qué significa la palabra atar?

La palabra **atar**, en el idioma griego, es "deo", que significa restringir, arrestar, cerrar, ligar, prohibir, declarar ilegal o ilegítimo, impropio.

Otro significado para la palabra atar, en el griego, es "deesis", que se traduce oración o súplica; o sea, que el atar está ligado a la intercesión. Por lo tanto, podemos atar por medio de la intercesión.

¿Qué significa la palabra desatar?

Es la palabra griega "luo", que denota desligar, liberar, soltar, deshacer, permitir, dar permiso a que opere, desamarrar, declarar algo legítimo o legal, declarar algo propio, abrir, quitar.

Cuando Jesús le dice a Pedro: "todo lo que atares en la tierra, será atado en el cielo", en esencia, le está diciendo lo siguiente:

"Yo, como Señor de los cielos y la tierra, les estoy dando un testamento escrito, donde los señalo o los asigno como mis embajadores, mis agentes, mis hijos y mis representantes en la tierra. Ustedes tienen un cuerpo físico que les da derecho para vivir y operar en la tierra. Yo les confiero autoridad, facultad y les doy un poder legal general para que todo lo que aten, restrinjan, cierren, prohíban, declaren impropio, ilegal y todo lo que amarren en la tierra, sea hecho de la misma manera en los cielos. Por consiguiente, es también prohibido, cerrado, amarrado y ligado en los cielos". Jesús nos está diciendo, que ejecutemos la autoridad, pues tenemos todo el derecho de hacerlo. En otras palabras, Él nos está haciendo responsables por todo lo que suceda aquí en la tierra. Jesús continúa hablando y dice: "todo lo que desatares en la tierra, ya fue desatado en los cielos".

Si estamos siendo oprimidos por el diablo, es porque lo hemos permitido. Si nuestro hogar está en las ruinas, es nuestra culpa, porque lo hemos permitido. Si el enemigo ha enfermado nuestro cuerpo, es porque no le hemos prohibido tocar nuestro cuerpo.

Si hay una puerta de maldición, depresión y miseria abierta, es porque no la hemos cerrado. Si el enemigo ha traído contienda a nuestra casa, es porque no le hemos declarado ilegal su intervención en nuestro hogar; no le hemos ordenado que se vaya. Si esa puerta de trabajo no se ha abierto, es porque no hemos usado la autoridad para abrirla. Es poderoso, impresionante y maravilloso todo lo que el Señor nos ha dado para ser una iglesia poderosa, con autoridad para atar y desatar, prohibir o permitir y para abrir o cerrar aquí en la tierra.

En el momento en que Jesús nos dio su autoridad, nos hizo responsables por nuestros hechos y por todo aquello que suceda a nuestro alrededor. Ya Jesús no es el responsable de nuestros actos, porque nos ha dado todo lo que necesitamos para ser victoriosos.

No podemos culpar a nadie por nuestra condición; pues todo lo que nos ha sucedido es porque no lo hemos prohibido, sino que lo hemos permitido.

¿Cómo atamos y desatamos?

Por medio de la intercesión. La intercesión es el medio por el cual podemos cerrar o abrir, prohibir o permitir, atar al diablo y desamarrar a una persona atada por el enemigo. Por medio de la intercesión, nosotros los creyentes, podemos: prohibirle al enemigo que toque a nuestra familia con enfermedades; abrir puertas ministeriales o de trabajo que estaban cerradas, liberar a los que están cautivos y declarar ilegal o impropia toda obra de brujería, hechicería, contienda y disensión. Nuestra intercesión tiene poder para cambiar todo aquello que está a nuestro alrededor.

Dios no puede resistir al enemigo por nosotros; somos nosotros, los creyentes, los que estamos llamados a resistir al diablo.

"*⁷Someteos, pues, a Dios; resistid al diablo, y huirá de vosotros*". Santiago 4.7

Por medio de la revelación

"*¹⁷Entonces le respondió Jesús: —Bienaventurado eres, Simón, hijo de Jonás, porque no te lo reveló carne ni sangre, sino mi Padre que está en los cielos*". Mateo 16.17

¿Qué es revelación?

La palabra **revelación** es "*apocalipsis*" en el idioma griego, que significa desnudar, revelar una verdad que está escondida.

Revelación es un acto, por medio del cual Dios le comunica a nuestro espíritu y a nuestra mente una verdad que desconocíamos. No es algo que no existía, sino que es una verdad que ha estado en la Biblia, pero que nunca la habíamos visto o entendido.

La revelación o el entendimiento de algo nos da la llave para interceder y ejercitar el poder para atar y desatar. Si no tenemos el conocimiento o la revelación de algo, no podemos ejercitar nuestra autoridad correctamente. Recuerde lo que estudiamos al principio: Jesús dejó un testamento escrito, el cual tenemos que conocer y obtener revelación de él.

Hay un escrito en la ley de la constitución de los Estados Unidos, que dice: "La ignorancia de la ley no es una excusa".

Es nuestra responsabilidad buscar, indagar, escudriñar y entender qué es lo que dice el testamento que nos dejó Jesús. Vamos a buscar en la Palabra cuáles son nuestros derechos, privilegios y responsabilidades, y de esa manera, prohibir o permitir según nos ha sido delegado.

El arma más grande que el enemigo ha usado por muchos siglos para paralizar al creyente, ha sido la ignorancia. Aunque muchos creyentes tienen, en teoría, todo el poder legal general para ejercer dominio, no lo pueden ejercer por la ignorancia; pues, no conocen ni tienen revelación de la Palabra.

¿Quiénes tienen las llaves del Reino?

Las llaves del Reino las tienen aquellos creyentes que reciben revelación de la Palabra.

Hay individuos que han querido usar esa autoridad y han resultado avergonzados porque no tenían revelación de lo que estaban haciendo.

> "*13Pero algunos de los judíos, exorcistas ambulantes, intentaron invocar el nombre del Señor Jesús sobre los que tenían espíritus malos, diciendo: ¡Os conjuro por Jesús, el que predica Pablo!*"
> Hechos 19.13

Cada vez que Dios nos da una revelación de una verdad que no conocíamos o no habíamos entendido, nos está dando una llave para abrir una puerta en el espíritu.

Una llave representa la revelación de una verdad bíblica.

El Reino de Dios es como una gran mansión, que tiene millones de cuartos, pero para abrir y entrar a cada uno de ellos, se necesita una llave, y cada llave es una revelación de la Palabra en un área específica. ¿Cómo podemos aplicar esta verdad a nuestra vida? En el momento en que Dios nos revela una verdad de la Palabra, ya sea la liberación, la sanidad divina, la intercesión, la prosperidad, la autoridad, el poder o la santidad, nos es otorgada una llave para conseguirla. Por esta razón, es que el enemigo quiere mantenernos ignorantes.

Cuando un creyente intercede con revelación y entendimiento de lo que está orando, todo lo que prohíba, ate, declare ilegal o impropio, se hace efectivo.

¿Por qué Jesús le dio las llaves a Pedro?

> *"¹⁹Y a ti te daré las llaves del reino de los cielos: todo lo que ates en la tierra será atado en los cielos, y todo lo que desates en la tierra será desatado en los cielos". Mateo 16.19*

Jesús le dio las llaves del Reino de Dios a Pedro en ese momento, porque fue el que recibió la revelación de parte de Dios. De igual manera ocurre cuando recibimos una revelación.

¿Por qué muchas personas o creyentes no reciben revelación de Dios?

Aunque Dios quiere darnos revelación o conocimiento de toda su Palabra, no todos están dispuestos o preparados para recibir nuevas verdades. Dios no permite que determinadas cosas sean reveladas a algunas personas.

En los evangelios, Jesús les habló en parábolas a los discípulos; y cuando éstos le preguntaron el porqué, Jesús les contestó que era para esconder la revelación de aquellos que realmente no la anhelaban.

A las personas que anhelan, desean y tienen hambre de la palabra de Dios, Jesús les abre los ojos del entendimiento.

> "¹¹Él, respondiendo, les dijo: —Porque a vosotros os es dado saber los misterios del reino de los cielos, pero a ellos no les es dado...". Mateo 13.11

Dios no revela sus misterios a todo el mundo, sino a aquellos que anhelan y desean conocer más de Él con todo su corazón.

El juicio de Dios contra las personas orgullosas es la ceguera espiritual. Es muy difícil que un creyente orgulloso pueda recibir revelación de Dios. Una de las formas en que Dios esconde las verdades de Él a una persona arrogante, es cegándole el entendimiento, para que no se crea sabio y se confíe en su propia prudencia.

¿Quiénes son aquellos que reciben revelación de Dios?

> "²¹En aquella misma hora Jesús se regocijó en el Espíritu, y dijo: 'Yo te alabo, Padre, Señor del cielo y de la tierra, porque escondiste estas cosas de los sabios y entendidos y las has revelado a los niños. Sí, Padre, porque así te agradó'". Lucas 10.21

En este versículo, la palabra **niño** no habla, específicamente, de un niño en edad, sino que representa la mente y el corazón de un niño. Un niño es alguien que es enseñable, no especializado; es inexperto, humilde y manso.

Lo que Jesús nos está diciendo es que la revelación la reciben los creyentes que son como niños, que tienen un corazón enseñable; aquellos creyentes que no se creen expertos, que siempre están aprendiendo, aquellos que no confían en el conocimiento del mundo, sino que, son humildes y mansos. Éstos son los que reciben revelación y, debido a esto, tienen el poder para atar y desatar, prohibir y permitir, abrir o cerrar.

Si usted es un creyente que se cree sabio en su propia prudencia, no caminará en la revelación de la Palabra y del conocimiento de Dios; y habrá oscuridad y tinieblas en su vida. Donde hay ignorancia, siempre hay oscuridad.

Hoy día, la gente está cansada de recibir mucha información; y aunque hay diversos lugares donde se enseña buena teología, la gente prefiere seguir a aquellos hombres y mujeres que viven e imparten la revelación de Dios.

Entonces, ¿qué es lo que produce la revelación de la Palabra en un creyente?

Cambios en la persona y su destino.

> " *17Entonces le respondió Jesús: —Bienaventurado eres, Simón, hijo de Jonás, porque no te lo reveló carne ni sangre, sino mi Padre que está en los cielos". Mateo 16.17*

Simón significa caña débil, caña frágil e inestable. Por tanto, Simón representa o simboliza un creyente que no tiene revelación de la Palabra y que es inestable emocionalmente, o sea, de doble ánimo.

También, es alguien que es derrotado por cualquier circunstancia, y se deprime fácilmente.

Leamos lo que le sucedió a Simón después de recibir la revelación de que Jesús era el Mesías.

> "*18Y yo también te digo, que tú eres Pedro, y sobre esta roca edificaré mi iglesia; y las puertas del Hades no prevalecerán contra ella". Mateo 16.18*

Pedro, en el griego, es la palabra *"petros"*, que significa un pedazo de roca alargado, roca pequeña, peña pequeña, piedra viva, una pequeña roca salida. Pedro simboliza un creyente que es un pilar en la iglesia; un creyente maduro, estable y sólido; a un creyente que es una piedra viva.

> *"⁵...vosotros también, como piedras vivas, sed edificados como casa espiritual y sacerdocio santo, para ofrecer sacrificios espirituales aceptables a Dios por medio de Jesucristo".* I Pedro 2.5

Pedro representa un creyente que no tiene cambios en su estado de ánimo; es maduro, capaz de soportar las presiones del servicio a Dios y las presiones del enemigo. *"Petros"* es una roca sólida que soporta y da fortaleza a las demás. También, es uno que tiene revelación de la autoridad para atar y desatar.

La revelación de la palabra de Dios cambia la naturaleza y el destino de una persona. Esto quiere decir que, si usted antes era un creyente carnal (Simón), de doble ánimo, inestable emocionalmente e inmaduro, al recibir la revelación, se convierte en un creyente maduro (Pedro), estable y sólido, y con la habilidad de interceder con revelación; de esa manera, su oración es más efectiva.

Cuando una revelación de Dios viene a nuestra vida, impacta con tanta convicción, que nos lleva a actuar en ella y nos vuelve una roca firme.

La revelación de la Palabra lo convierte en un guerrero.

> *" ¹⁸Y yo también te digo que tú eres Pedro, y sobre esta roca edificaré mi iglesia, y las puertas del Hades no prevalecerán contra ella".* Mateo 16.18

La versión amplificada de este versículo lee de la siguiente manera:

Y te digo, tu eres Pedro (en Griego, Petros – un pedazo de piedra grande), y sobre esta roca (Griego, petra – una piedra grande como Gibraltar) Yo edificare Mi iglesia, y las puertas del Hades (los poderes de la región infernal) no prevalecerán contra ella, (ni permanecerá fuerte hasta su destrucción, ni vendrá en contra de ella). Mateo 16.18

La mejor posición contra el enemigo es una posición de batalla. Primero, vamos a atacar, y esto se logra cuando nos convertimos en verdaderos guerreros.

Si hacemos una conclusión de este capítulo, diríamos lo siguiente: Dios nos ha dado el poder legal general. Dios nos ha otorgado el derecho, la autoridad, la facultad para ejecutar el testamento escrito que Jesús nos dejó. Él nos ha delegado toda su autoridad y nos ha hecho responsables aquí en la tierra para que todo esto funcione bien. Dios no va a resistir al enemigo por nosotros.

Cada creyente tiene que hacerlo por sí mismo; y la mejor arma para hacerlo es la intercesión. Es en oración, que podemos abrir o cerrar, declarar algo ilegítimo o legal. Pero, hay una clave en todo esto, y es que si no tenemos revelación de aquello por lo que vamos a interceder o a orar, no obtendremos los resultados que esperamos. Es necesario recibir revelación, tanto para orar efectivamente, como para llegar a ser creyentes maduros y sólidos en el Señor.

CAPÍTULO IX

TESTIMONIOS DE RESTAURACIÓN

Frank Hechavarría

Soy hijo de padres divorciados. A la edad de 11 años, ya había experimentado lo que es la depresión, la soledad, la angustia e, incluso, el deseo de morir. En realidad, no entendía cuál era la razón de vivir. A esa misma edad, tuve mi primer encuentro con Jesús. Alguien invitó a mi mamá a una iglesia cristiana en Cuba, en la cual empezamos a congregarnos. Con el tiempo, me aparté de los caminos del Señor y me fui al mundo, o sea, a la borrachera, a la fornicación, al pecado y a la "poca vergüenza"; pero en el fondo, yo sabía que estaba mal. Había algo más fuerte dentro de mí que me impulsaba a regresar al Señor. Y fue de esta manera, que, hace cinco años, llegando a Miami, mi mamá y yo empezamos a asistir a la iglesia El Rey Jesús; y hoy día le sigo siendo fiel a mi Señor. Para ese entonces, ya tenía 18 años, la edad perfecta para que el mundo me cautivara; pero gracias a la oración, aprendí a tener intimidad con el Señor, quien me guardó y me separó para Él.

¡Hoy día soy un adicto a la oración! Para mí, la oración es la única adicción que no hace daño; y a través de ella, el Señor me ha ido equipando para vencer las continuas batallas que enfrento con mi propia carne. Hace cuatro años, empecé a orar de tres y media a seis de la mañana. Y aprendí que la oración de madrugada o de la mañana tiene mucho poder. Pues yo era una persona iracunda; sufría de ira y parecía un "fosforito", porque explotaba por cualquier cosa. La ira, por ejemplo, es uno de los males que puede destruir, en un momento, años de matrimonio, de carrera y de ministerio; entonces, para qué orar en la noche, si cuando llegas a la casa, por no salir preparado en la mañana, ya caíste en las trampas del enemigo durante todo el día. Pero ahora, que le entregué al Señor esa área en mis tiempos de oración, siento que ya estoy preparado para vencer la tentación de la ira. Además de la ira, a través de la oración, pude combatir el rechazo, la soledad, la baja autoestima y la pena (pues era un introvertido que ni siquiera era capaz de acercarme a alguien para entablar una conversación). Pero, el Señor me equipó con armas espirituales, y puedo decir que he pasado de la oración a la guerra. ¡Soy un testimonio vivo del poder de la oración, y esto lo digo para la gloria del Señor!

Por eso, recomiendo a todas aquellas personas que tienen problemas similares a los que yo experimenté, o que tienen problemas con la mentira o con cualquier otra área de su vida, que tan pronto se levanten, entreguen esas áreas al Señor para que Él las pueda cambiar.

Por mis experiencias pasadas, sé lo que es dejar al Señor y volver a sus caminos; y por eso, puedo afirmar, con toda seguridad, que lo que un cristiano necesita para apartarse del Señor, es dejar de orar. Hoy tengo 24 años, soy pastor de jóvenes, y este privilegio jamás lo hubiera obtenido sin la oración. Y antes que mi llamado, está el agradar a Dios, y no sería lo que soy hoy, si no fuera por su misericordia. Por eso, agradezco a Dios, primeramente, por lo que ha hecho en mi vida; y a mis pastores, por enseñarme continuamente, la importancia de orar para tener una relación genuina con el Señor. Un cristiano que no ora, está muy cerca de dejar de llamarse cristiano; pues sin una vida de oración, éste se convierte en una persona seca por dentro, y dominada por su propia carne y no por el Espíritu.

Orar a primera hora en la mañana, nos enseña a ser agradecidos y a desarrollar la fe; pues de antemano, se le da gracias al Señor por lo que va a hacer durante todo el día. También, agudiza nuestros oídos para escuchar claramente la voz de Dios y sus planes; y esto es lo que nos ayuda a combatir y a lidiar con las tentaciones diarias, para que nada de lo que suceda en el día, nos intimide. Por otro lado, la oración sana, liberta, transforma; logra cambiar áreas que uno mismo, ni en 20 años, puede cambiar.

Un hombre que no ora, es vulnerable a los ataques del enemigo constantemente; no puede hacer la voluntad de Dios, se expone a perder las bendiciones e, incluso, el llamado de Dios en su vida; además, está dominado por el hombre viejo. Sin embargo, el hombre que se mantiene conectado con el Señor a través de la oración, se convierte en el sacerdote de la casa; es el primero en dar amor, en ofrendar, en orar, y es capaz de ser padre y ser ejemplo para otros.

Cada día que nos levantamos, el enemigo está al acecho para destruirnos y devorarnos; pues maquina en contra de nosotros constantemente. Por eso, debemos penetrar su territorio a través de la oración, de la intercesión y de la guerra espiritual; pues el reino de los cielos, lo arrebatan los violentos.

La práctica de la oración en la madrugada nos convierte en guerreros. Esto lo aprendí de mi Pastora Ana Maldonado, y se hizo real en mi vida cuando decidí asistir a la oración de la madrugada, e ir tomando de su espíritu guerrero. Ella me enseñó a odiar el pecado para poder pasar de la oración a la guerra; y eso incluye el pecado de la independencia de Dios.

Así que, invito a todas aquellas personas que todavía no han podido, por alguna razón u otra, mantener una vida de oración constante, que lean este libro. El mismo los guiará a una entrega total y a un anhelo por conocer a Dios en intimidad. Una vez que usted decida empezar a orar, por lo menos 10 ó 15 minutos diarios, el Señor les pedirá más y más, y usted mismo deseará tener más tiempo para estar con Él. Pero, es importante que esta práctica sea diaria y que usted sea constante y fiel; pues de nada sirve orar un día dos horas, y no volver a orar en toda la semana. Esto no puede ser posible si usted desea experimentar una intimidad genuina con el Señor.

Sé que este libro será de bendición para todo aquel que lo lea; pues a través de cada página, usted podrá tomar del espíritu de la pastora Maldonado, y además, recibir una impartición directa de años de ministerio, de oración, de guerra espiritual y de una vida en santidad. La unción de guerra que está en los pastores

Guillermo y Ana Maldonado, la cual está impregnada en cada párrafo y en cada testimonio de este libro, lo llevará a pasar de la oración a la guerra, si se apropia de ella; y le aseguro que usted jamás será el mismo.

> ### "No hay batalla que no pueda ser ganada a través de la oración".

Andy Arguez

Mi padre se fue cuando yo tenía seis años de edad. Su ausencia me afectó bastante, pues desde muy pequeño, me involucré en drogas, en gangas, tiroteos, borracheras, peleas y muertes. En varias oportunidades vi balas volando cerca de mi rostro; vi la muerte tan cerca de mí... y qué triste es recordar que hubo amigos míos que murieron por cinco dólares de marihuana, que cayeron presos y que se suicidaron. Hoy me doy cuenta de que soy el producto de la gracia y la misericordia de Dios, porque hubiese podido tener el mismo fin.

Mi madre sufrió mucho a causa del abandono de mi padre. En realidad, ella se encontraba desesperada, pues al verse sola y con dos hijos para mantener, tuvo que tomar tres trabajos. Ella era de las personas que decían que conocía a Dios, pero, a su manera y al mismo tiempo creía que iba a encontrar respuestas en la brujería y en la santería.

Mientras tanto, yo estaba sumido en la depresión, sentía mucha ira y dolor en mi corazón; a tal grado, que estuve a punto de matar a una persona y le ocasioné mucho dolor a otros. Llegue a un punto que hasta quise suicidarme.

Durante muchos años me hablaron de Cristo, pero yo lo rechazaba porque pensaba que recibir a Jesús no me iba a servir de nada. Pero un día, cansado de tanta inmundicia, me arrodillé en mi cuarto y clame a Dios; nunca había llorado tanto, ni siquiera cuando murió mi abuelo. En ese momento, cuando me arrodillé, le dije a Dios: "si Tú eres real, te pido que salves mi vida". En ese momento, recibí a Cristo en mi corazón y al día siguiente fui a la iglesia. Dios llenó el vacío que había en mi corazón; en Él encontré el amor que no había experimentado en la vida.

Sé que soy un milagro, pues mi vida fue totalmente transformada; y ahora, después de conocer a Jesús, soy el hombre más feliz del mundo porque tengo a Cristo en mi vida y tengo el amor y la paz que no me dio ninguna droga, ningún amigo, ninguna pandilla ni ninguna mujer.

Fue tan impactante el encuentro que tuve con Cristo que, siendo un joven de 16 años, lo dejé todo en menos de un día para servirle a Él; y me volví tan loco, que gané casi a toda mi escuela para Cristo.

Hoy día soy un hombre de oración, debido a que Jesús es mi ejemplo; porque siendo Él, Dios mismo, tuvo que orar; cuanto más yo, que reconozco que no puedo hacer nada en mis propias fuerzas; sino que dependo totalmente de Él. La oración es el vehículo e instrumento que Dios usa para que podamos desarrollar nuestra fe y depender de Él en todas las áreas de nuestra vida. La oración es la forma de encontrar los propósitos y la voluntad de Dios para nuestra vida, y para lo que Él quiere que hagamos en la tierra.

Un hombre que no ora está seco, muerto espiritualmente, es como un hombre que no respira, no hay aliento, no hay vida de Dios en él.

Tengo 21 años, y sé que fue a través de la oración, en las madrugadas, de rodillas, que mi vida fue cambiando; la oración no es una pérdida de tiempo. Con lo que haces en la oración, recuperas el tiempo que perderías haciéndolo en tus propias fuerzas. A través de la oración, podrás llegar a tu destino; pero, cuando no oras, retardas los planes de Dios en tu vida.

Yo tenía un espíritu de guerra, pero, cuando hacía guerra, lo hacía a lo loco, por eso doy gracias a la Pastora Ana Maldonado, fue a través de ella, que mi vida de oración cambio, ella me enseño a orar; y ahora, que he aprendido a pelear estratégica y efectivamente, he visto cambios radicales en mi vida devocional y personal, puesto que a mayor guerra, más autoridad y obviamente mayor santidad. Uno siempre debe chequear su corazón y las áreas de su vida, porque ahí es donde muchos pierden la guerra.

Con la Pastora Ana Maldonado, he aprendido a no ser pasivo contra las tinieblas. Muchos se duermen; y por eso, no ganan la batalla. Pero ella tiene un atrevimiento particular para ir y confrontar el reino de las tinieblas sin tenerle temor al diablo; y ésa es la actitud con la que deberíamos actuar en todo momento. También, he aprendido a tomar y a arrebatar por la fuerza lo que me pertenece en el mundo espiritual. Y sobre todo, lo que más he aprendido de ella, es su amor y temor de Dios, su deseo para destruir las obras del diablo y establecer el reino de Dios aquí en la tierra.

No se puede hacer guerra si uno no aprende primero a orar; no se puede hacer guerra sin establecer una vida de adoración y de oración; porque es en la intimidad donde uno aprende a ser guiado por el Espíritu Santo para hacer la guerra. La guerra no se hace con la fuerza humana, sino por medio del Espíritu Santo; por eso, dice la palabra que "orar como conviene no sabemos".

Una de las guerras que yo he ganado en oración, la más fuerte, ha sido la guerra de la crítica y la opinión del hombre; porque cuando uno quiere hacer cosas para Dios, el enemigo siempre se opone, queriendo opinar y trayendo temor. Pero ahí es cuando uno debe decidir agarrarse de Dios y obedecerlo a Él y no al hombre. Sé que el rechazo, la persecución y el temor a la crítica han sido guerras que he tenido que pelear fuertemente, pero todo esto lo he logrado por medio de la perseverancia. Dios me ha dado la victoria, y sé que el enemigo ha sido confrontado. ¡Ahora soy libre y sé a donde voy con Jesús!

Creo que este libro va a revolucionar, a transformar y a traer un avivamiento y un despertar para el pueblo de Dios, que cree que sin oración y sin guerra espiritual, pueden lograr lo que Dios nos mandó a hacer. La pastora Ana Maldonado, es el testimonio viviente de una mujer que se ha levantado, día tras día, en oración y en guerra contra el enemigo. Todos hemos visto el respaldo de Dios y los resultados.

"Vale la pena guerrear"

Lizandro Parra

"La primera vez que escuché hablar de Jesús, tenía 25 años de edad. En ese momento, hice la oración de fe por darle gusto a la persona que me había invitado a la iglesia. Pero fue esa pequeña oración, la que hizo que el Espíritu Santo entrara a mi vida. Por algún tiempo, traté de apartarme del pecado y seguir el camino correcto; pero, lamentablemente, los vicios, el dinero, los placeres del mundo y la codicia me llevaron por muy malos caminos. Tanto es así, que no fue sino hasta 15 años después de ese primer encuentro con Jesús, que regresé arruinado, destruido y casi al borde de la muerte, a sus pies; los mismos pies que años atrás había visto en sueños, que me habían salvado de los ataques del enemigo, me hicieron entender el Poder de su nombre y de su sangre. ¡Gracias a Dios, ese sueño se hizo realidad!

Hoy soy testimonio de la mano poderosa de Dios, Él me salvó de la muerte, de la cárcel, de la maldad, de la perdición y hasta de una brujería que casi acaba con mi salud y mi vida.

Cuando me reconcilié con el Señor, era tal la convicción de pecado, que sentía la necesidad de hacer la oración para recibir al Señor, a cada rato. Fue un alivio para mi el darme cuenta que el único amigo que había quedado de mis épocas de abundancia, pecado y corrupción era Jesús de Nazaret; el único que extendió su mano cuando los demás me dieron la espalda.

Empecé a servir al Señor con todo mi corazón en el ministerio de alabanza. Sin embargo, cuando llegué a la iglesia El Rey Jesús, me di cuenta que yo era un cristiano lleno de fuego, pero sin conocimiento. No sabía cómo orar y tenía dones dormidos, que el Señor me había dado, pero yo no sabía cómo explotarlos.

Doy gracias a Dios por la vida de mis pastores Guillermo y Ana Maldonado, porque a través de las enseñanzas de ellos, he recibido edificación e inspiración; y por medio de la Pastora, he recibido la práctica en el campo de batalla. Cuando empecé a asistir a la oración de madrugada, me sentía avergonzado, porque era el único hombre del grupo que no sabía orar; y no quería seguir asistiendo porque era muy machista. Cuando vi que eran más mujeres que hombres las que oraban, prejuzgué y recuerdo que, en una oportunidad, la Pastora le dijo a una intercesora bajita y delgada (Dianita) que orará, y yo pensé: "¡jah!, a ésta el diablo se la come viva"; pero, cuando la escuché orar, tuve que arrodillarme y pedirle perdón a Dios.

Hoy reconozco el gran poder que tienen las mujeres de Dios cuando oran. Fue a través de la oración, que el Señor me hizo libre del machismo, las ataduras, las fortalezas y de las legiones de demonios que me atormentaban como consecuencia de la vida "fácil" y corrupta que yo había llevado en el pasado. Gracias a la oración, fui libre, incluso, de mi "excesivo amor" por el ministerio de alabanza. Además, aprendí a amar primero a Jesús y a prepararme para mi verdadero llamado, "evangelista".

El tener una vida de continua oración, me enseñó a someterme a la autoridad de mis pastores. Además, el Señor me ha dado la victoria para poder ver lo que antes no veía, y poder sentir y oír lo que antes no sentía ni oía. Antes de ser disciplinado en la oración, era un cristiano propenso a los ataques del enemigo; ahora puedo decir que soy un hombre de oración; soy un cristiano que sabe pelear por las almas, por su familia y por su ministerio. Antes, el diablo hacía conmigo lo que quería, ahora yo soy quien le dice: "diablo, prepárate; que antes que te metas conmigo, te voy pa'encima".

Así como reconozco el poder de Dios a través en las mujeres de oración, también le puedo decir a los hombres que no oran, que deben dejar la pereza y la flojera. A mí me costó mucho tomar la decisión de empezar a orar, pero a través del reto constante de la pastora hacia los hombres, entendí que debía aprender a batallar en el mundo espiritual, de la misma manera como lo haría en el mundo físico si alguien se metiera con mi esposa y mis hijos. Aprendí, además, a tomar la posición de sacerdote en mi hogar. Hoy puedo decir que un hombre que ora y se pone firme, proporciona golpes letales al enemigo; pues el diablo quiere que el hombre valga "nada"; a tal grado, que intenta seducirlo para que le guste más la televisión que la vida de oración.

Sé que la perseverancia, la constancia y una vida de santidad, son los ingredientes para obtener el éxito en cualquier ministerio. Hay muchos hombres en pobreza espiritual, física y económica, sólo porque no han tomado la decisión de hacerse valer, de ser firmes y de empezar a orar. Yo puedo dar fe que, cuando un hombre empieza a orar, Dios, no sólo lo levanta en el área espiritual, sino también, en lo económico, en lo moral y en la forma en que otros lo ven. Un hombre de verdad no es un machista gritón; un hombre de verdad es aquel que sabe gemir y llorar ante la presencia de Dios.

El salir de las garras del enemigo y entregarme realmente al Señor y al poder de la oración, me costó 15 años y casi pierdo la vida y la salvación. ¡Por eso, ahora, sé que conocer al Señor fue lo mejor que me pudo suceder! Usted, que tiene en sus manos un arma tan poderosa como el libro *De la Oración a la Guerra*, no espere más.

"Tome la autoridad, saque al enemigo a patadas de su casa y de su vida, y hágale pagar y devolver siete veces, todo lo que le robó".

Amigo lector: Si usted desea recibir el regalo de la vida eterna, y ser parte del mover de Dios aquí en la tierra, pero no ha reconocido a Jesús como el hijo de Dios, quien murió y padeció por sus pecados en la cruz del Calvario, lo puede hacer ahora mismo. Por favor, acompáñeme en esta oración, y repita en voz alta.

Oración para recibir el regalo de la vida eterna

"Padre Celestial: Yo reconozco que soy un pecador, y que mi pecado me separa de ti. Me arrepiento de todos mis pecados. Voluntariamente, confieso a Jesús como mi Señor y Salvador, y creo que Él murió por mis pecados. Yo creo, con todo mi corazón, que Dios el Padre lo resucitó de los muertos. Jesús, te pido que entres a mi corazón y cambies mi vida. Renuncio a todo pacto con el enemigo. Si yo muero, al abrir mis ojos, sé que estaré en tus brazos. ¡Amén!"

Si esta oración expresa el deseo sincero de su corazón, observe lo que Jesús dice acerca de la decisión que acaba de tomar:

> " *9...que si confesares con tu boca que Jesús es el Señor, y creyeres en tu corazón que Dios le levantó de los muertos, serás salvo. 10 Porque con el corazón se cree para justicia, pero con la boca se confiesa para salvación". Romanos 10.9, 10*

> "*47De cierto, de cierto os digo: El que cree en mí, tiene vida eterna". Juan 6.47*

BIBLIOGRAFÍA

Biblia de Estudio Arco Iris. Versión Reina-Valera, Revisión 1960, Texto bíblico copyright© 1960, Sociedades Bíblicas en América Latina, Nashville, Tennessee, ISBN: 1-55819-555-6.

Biblia Plenitud. Versión Reina-Valera, Revisión 1960, ISBN: 089922279X, Editorial Caribe, Miami, Florida.

Diccionario Español a Inglés, Inglés a Español. Editorial Larousse S.A., impreso en Dinamarca, Núm. 81, México, ISBN: 2-03-420200-7, ISBN: 70-607-371-X, 1993.

El Pequeño Larousse Ilustrado. 2002 Spes Editorial, S.L. Barcelona; Ediciones Larousse, S.A. de C.V. México, D.F., ISBN: 970-22-0020-2.

Expanded Edition the Amplified Bible. Zondervan Bible Publishers. ISBN: 0-31095168-2, 1987 – Lockman Foundation USA.

Reina-Valera 1995 - Edición de Estudio, (Estados Unidos de América: Sociedades Bíblicas Unidas) 1998.

Santa Biblia (citas bíblicas), revisión 1960. © Sociedades Bíblicas Unidas.

BIBLIOGRAFIA

Strong James, LL.D, S.T.D., *Concordancia Strong Exhaustiva de la Biblia*, Editorial Caribe, Inc., Thomas Nelson, Inc., Publishers, Nashville, TN - Miami, FL, EE.UU., 2002. ISBN: 0-89922-382-6.

The New American Standard Version. Zordervan Publishing Company, ISBN: 0310903335.

The Tormont Webster's Illustrated Encyclopedic Dictionary. ©1990 Tormont Publications.

Vine, W.E. *Diccionario Expositivo de las Palabras del Antiguo Testamento y Nuevo Testamento*. Editorial Caribe, Inc./División Thomas Nelson, Inc., Nashville, TN, ISBN: 0-89922-495-4, 1999.

Ward, Lock A. *Nuevo Diccionario de la Biblia*. Editorial Unilit: Miami, Florida, ISBN: 0-7899-0217-6, 1999.

LÍDERES QUE CONQUISTAN

Guillermo Maldonado
ISBN: 1-59272-023-4*

DESCUBRA SU PROPÓSITO Y SU LLAMADO EN DIOS

Guillermo Maldonado
ISBN: 1-59272-019-6

EL PERDÓN

Guillermo Maldonado
ISBN: 188392717-X*

LA FAMILIA FELIZ

Guillermo Maldonado
ISBN: 1-59272-024-2

EVANGELISMO SOBRENATURAL

Guillermo Maldonado
ISBN: 159272013-7

FUNDAMENTOS BÍBLICOS PARA UN NUEVO CREYENTE

Guillermo Maldonado
ISBN: 1-59272-005-6

Libros disponibles en inglés y en francés.

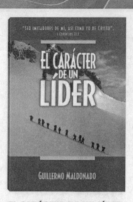